W0282202

Hamsterhaltung

Wie Sie ihren Hamster Artgerecht halten.
Hamsterpflege – Hamsterernährung –
Hamstergesundheit – Hamsterarten –
Hamsterzähmung – Hamsterverhalten
Gehege – Futter - Praxis Ratgeber

1. Auflage

Copyright © 2021 – Nina Kluge

Alle Rechte vorbehalten

ISBN: 9798733574578

INHALTSVERZEICHNIS 2

VORWORT - EINLEITUNG 5

HAUPTLEKTÜRE 8

KAPITEL 1 8

WIE HALTE ICH MEINEN HAMSTER ARTGERECHT – TIERGERECHT? 8

KAPITEL 2 18

DIE BEKANNTESTEN HAMSTERRASSEN IM DEUTSCHSPRACHIGEN RAUM. 18
1. DER WEITVERBREITETE GOLDHAMSTER. 18
2. DER TEDDYHAMSTER. 23
3. DER DSUNGARISCHE ZWERGNAGER. 23
4. DER NIEDLICHE CAMPBELL ZWERGNAGER. 29
5. DER ROBOROWSKINAGER. 33
6. DER CHINESISCHE STREIFENNAGER. 38
7. DAS SATIN-GOLDHAMSTERCHEN HÄTTE ICH JA FAST VERGESSEN! 42
8. EIN WEITERES SEHR BELIEBTES TIER IST DER SCHECKENHAMSTER. 44

KAPITEL 3 46

DIE ARTGERECHTE ERNÄHRUNG – FÜTTERUNG IM ALLGEMEINEN DER HAMSTER. 46

KAPITEL 4 64

WAS KOSTET EIGENTLICH DER MONATLICHE UNTERHALT EINES NAGERS? 64
WAS BRAUCHT MAN FÜR ALLES FÜR SEINEN LIEBLING? 64
DIE MONATLICHEN KOSTEN: 64
EINMALIGE UND UNREGELMÄSSIGE KOSTEN. 65

KAPITEL 5 **68**

DIE GESUNDHEIT UND PFLEGE IHRES NAGETIERES. 68
DER RICHTIGE TIERARZT. 77
WAS SIND DIE REGELN FÜR EINEN TIERAZTBESUCH? 78
DIE FOLGENDEN INFORMATIONEN KÖNNEN SIE SICH SCHON MAL NOTIEREN: 79
EINE EVENTUELL NÖTIGE OPERATION DES NAGERS. 82

KAPITEL 6 **84**

DIE ZÄHMUNG VON KLEIN- NAGETIEREN. GEHT DAS DENN? 84
ABER ACHTUNG! NICHT JEDEN HAMSTER KANN MAN ZÄHMEN! 85

KAPITEL 7 **88**

3. LUSTIGE HAMSTERGESCHICHTEN FÜR GROSS UND KLEIN. 88
1. UNSER HAMSTER HUBERT. 88
2. UNSER IGOR DER FELDHAMSTER DER ZUM IGEL WURDE. 93
3. DER URLAUB VOM TIERHEIM. 96

SCHLUSSWORT **100**

RECHTLICHES **102**

IMPRESSUM **102**
HAFTUNG FÜR EXTERNE LINKS **102**

Vorwort - Einleitung

Die spannende Geschichte des Hamsters.

Die Hamster haben ihren Ursprung ja im heutigen Syrien. Der Goldhamster gehört heute mittlerweile schon zu den beliebtesten Klein- und Haustieren im Deutschsprachigen Raum.

Nur schon in diesem Raum wurde die Anzahl der Nagetiere am Anfang dieses Jahrhunderts auf etwa 10 bis 12 Millionen Tiere geschätzt die in Privaten Haushalten leben. In ihrer syrischen Heimat würde aber diese große Zahl an Goldhamstern aber keinen Platz finden.

Das Einzugsgebiet das zur Gruppe der Mittelhamster angehörenden Syrischen Goldnagers erstreckt sich auf nur ca. 25.000 Quadratkilometer.

Dieses Gebiet liegt in der Golan-Ebene Syriens nahe der türkischen Grenze und bietet dem niedlichen Nager sehr gute Lebensbedingungen.

Zum Ärger der Bauern siedelt der Hamster seinen tief in der Erde liegenden Bau auf stark von den Landwirten benutzten Feldern an, um sich etwa von den zahlreichen verschiedenen Getreidearten und deren Samen zu ernähren. Ist der Syrische Goldhamster bei uns ein gern gesehener Geselle, haftet ihm doch in seiner Ursprungsheimat der Status eines Schädlings an.

Deswegen die direkte Verfolgung und die immer weiter gehende Vernichtung des Lebensraums, durch vielfach politische Unruhen. Die Folgen sind das der Bestand der Nagetiere jetzt immer mehr zurückgeht und somit die Art in ihrem Fortbestand immer stärker gefährdet.

Wie kamen nun die Hamster in unsere Haushalte und wurden dann mit der Zeit auch zu einem der beliebtesten Haustiere. Die Tiere wurden damals in Jerusalem von Menschen einfach eingefangen und in ein Labor überbracht, wo ihr Wesen und Eigenschaften genau unter die Lupe genommen wurden.

Die Labormitarbeiter fanden die Tiere so niedlich und Pflegeleicht, dass sie einige der Hamster mit nach Hause nahmen. Das war wohl zum ersten Mal das die Tiere dann als Haustiere gehalten wurden.

Ab diesem Zeitpunkt ging die Reise für die herzigen Tiere nun erst richtig los. Immer mehr verbreiteten sich die Hamster über nahezu ganz Europa und ein Ende war nicht in Sicht. Bereits im Jahre 1947 war der kleine Nager zu einem der beliebtesten Haustiere aufgestiegen. Nur die Katze, der Hund sowie die Hasen waren noch etwas beliebter.

Ebenfalls die Zwerghamster erfreuten sich einer immer grösser werdenden Beliebtheit sodass sich auch diese etwa sehr schnell ausbreiteten in zahllosen Haushalten. Ab den 1970er Jahren war der Zwerghamster wie natürlich auch der Goldhamster in den meisten Tierhandlungen nicht mehr wegzudenken.

Liebe Leserinnen. Liebe und Leser.

Soviel zur kurzen Geschichte der Hamster, wo sie ihren Ursprung haben und wie sie dann den Weg in viele Haushalte fanden, um als eines der beliebtesten Haustiere in unserer Gesellschaft aufzusteigen.

In diesem Ratgeber erfahren Sie in der weiteren Lektüre alles was man wissen muss um diesem niedlichen kleinen Nager ein angenehmes Leben in unserer Gesellschaft zu ermöglichen. Gerne hoffen wir dass Sie mit diesem Ratgeber ihr bereits sicher schon Vorhandenes Wissen über diese wunderbaren Tiere, erweitern können.

Jedoch auch für Menschen die sich gerade mit dem Gedanken befassen einen Hamster in Ihren Haushalt aufnehmen zu wollen.

Wir wünschen Ihnen viel Spass beim Weiterlesen der folgenden Lektüre.

Hauptlektüre

Kapitel 1

Wie halte ich meinen Hamster Artgerecht – Tiergerecht?

Bevor Sie nun etwa sofort in eine Zoohandlung pilgern, sollten zuerst einige wichtige Fragen geklärt werden wie etwa: Habe ich denn genug Zeit? Und: Was geschieht mit dem Tier, wenn ich in die Ferien fahre?

Haben Sie in Ihrer Wohnung oder Ihrem Haus denn einen guten Platz für das Hamsterzuhause? Das sind mal 2 von vielen offenen Fragen, die vorher mit der ganzen Familie besprochen werden müssen oder sollten. Da die niedlichen Nager von Natur aus eher am Abend- sowie nachtaktiv sind und auch sonst nicht gerade die Kuscheltiere sind, eignen sie sich nur zum Teil als das Haustier für die Kids. Auf jeden Fall sollten diese Kids nicht unter zehn Jahre alt sein.

Haben Sie in Ihrer Wohnung oder Haus einen passenden Standort für das Tier gefunden, darf es dort etwa weder ziehen, noch darf die Sonne direkt darauf scheinen. Auch etwa Rauchen im gleichen Zimmer kann dem kleinen Nager sehr zu schaffen machen und schaden. Ergänzend zum Käfig muss der kleine Nager eine genügend weite Auslaufmöglichkeit haben. Diese muss unbedingt für den Hamster auch sicher sein, was bedeutet, dass dort keine freien Kabel herumliegen dürfen und auch im Weiteren nichts, welches nicht angeknabbert werden darf.

Auch wenn der kleine Nager ein solo lebendes Tier ist, benötigt er jedoch auch Ihre ganze Aufmerksamkeit. Mindestens eine Stunde pro Tag sollten Sie für ihr Tier dann schon Zeit haben. Gibt es vielleicht jemanden in Ihrer Familie oder im Freundeskreis, wo diese Aufgabe für Sie übernehmen könnte, wenn Sie ab und zu etwa verreisen sollten? Stellen Sie auch sicher, dass niemand Ihrer Familienangehörigen eine Allergie gegen Tiere hat. Falls der Nager dann etwa einmal krank ist, sollten Sie bereit sein, auch vielleicht hohe Tierarztkosten zu berappen.

Und woher bekommt man nun jetzt einen Hamster?

Wenn Sie alle diese Fragen geklärt haben, spricht im Grunde jetzt nichts mehr gegen einen Kauf. Doch woher bekommt man einen niedlichen Nager? Ja und zwar einen, der auch gesund ist! In der heutigen Zeit gibt es viele Züchter, die die wuscheligen Tiere in verschiedenen Varianten züchten. Es gibt sie nicht nur in Zoohandlungen oder beim erwähnten Züchter. Werfen Sie ruhig auch noch einen Blick etwa in den Tiermarkt der Tageszeitung oder von Tieranzeigen im Allgemeinen, wo es in Ihrer Gegend gerade aktuell wieder Nachwuchs gibt.

Aber auch Kleinanzeigen im Internet haben häufig eine eigene Sparte für Tiere. In unserem Marktplatz zum Beispiel können Sie auch etwas herumschauen, ob Sie ja vielleicht ein passendes Tierchen für sich finden. Sie können jedoch auch auf eine Ausstellung für Kleintiere fahren und diese besuchen. Oder aber schauen Sie sich auch einmal die Inserate-Bretter in Schulen, Märkten oder Tierarztpraxen an. Auch dort wird oft Nachwuchs angeboten. Vergessen Sie bitte nicht das Tierheim. Hier warten sehr oft auch noch niedliche Hamster auf einen neuen Besitzer.

Der Hamster vom Züchter?

Was spricht denn nun für einen Züchter und was für eine Zoohandlung, ein Tierheim oder die kleinen putzigen Nager dann etwa doch vom vertrauten Nachbarn holen. Sich ein Tier von einem seriösen Züchter zu holen ist eine sehr gute häufig gewählte Entscheidung und zweifellos die Richtige. Oft wird man dort nicht nur gut beraten, sondern man hat auch eine gute Auswahl an verschiedenen Zuchtformen, sodass Sie sich auch genau Ihren Wunschhamster bekommen können.

Sie erfahren zudem das genaue Datum wann der kleinen Nager etwa zur Welt gekommen ist und können den Geburtstag Ihres neuen Lieblings feiern. Sofern Sie einen guten Züchter kennen, dann nehmen Sie ruhig auch eine weitere Anfahrt in Kauf, denn das lohnt sich immer. Es ist sowieso immer besser, das Tier erst einmal selber anzuschauen. So können Sie auch gleich sehen, wie der Züchter mit seinen Tieren umgeht, ob sie gut gepflegt sind und eine saubere Bleibe haben und ob die Tiere schon etwas zutraulich auf Sie reagieren.

Wie und an was erkennen Sie eine gute Tierhandlung?

Wenn Sie sich entschieden haben, einen Nager aus einer Zoofachhandlung zu holen, sollten Sie sich dann auch nicht einfach für den erstbesten entscheiden. Kontrollieren Sie einfach zuerst, ob die Nager darin sehr gut gepflegt werden und sich das Fachpersonal gut auskennt und kompetent ist.

Wenn Ihnen das Geschlecht der Tiere dann wirklich ohne zu flunkern genannt werden kann, und werden Sie auch noch, über die richtige Ernährung und die Ausstattung gut und ausreichend kompetent beraten, dann sind sie ohne Zweifel bei der richtigen Tierhandlung.

Der Spezialist oder die Spezialistin sollte sich für Sie die notwendige Zeit nehmen, die Sie oft brauchen. Die Tiere sollten in ihren Behausungen Art- und Tiergerecht gehalten werden. Das bedeutet, dass die Behausung mit einem Haus, einer Wasserflasche, einem Futternapf und auch sehr, sehr wichtig, mit ausreichend Spielzeug und Klettermöglichkeiten versehen und vor allem auch hier sehr wichtig, sauber und gepflegt ist. Auch sollte das Zuhause für den Nager nicht unter eine Lampe oder sogar in einem Schaufenster sein.

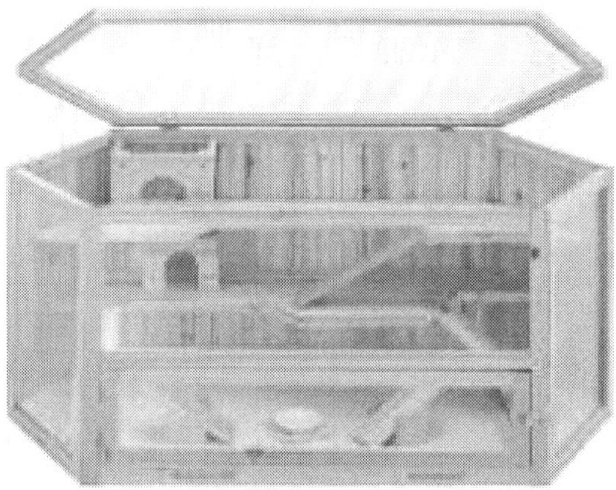

Den Nager aus einem Heim für Tiere holen oder doch lieber aus privater Hand?

Der nicht zu unterschätzende Vorteil bei Tieren von Freunden oder Bekannten ist, dass Sie genau wissen oder es wissen sollten, wie die niedlichen kleinen Tiere gehalten werden. Gleich wie bei Nagern von einem Profizüchter erfahren Sie auch hier das genaue Geburtsdatum des putzigen Kerlchens. Jedoch auch über Kleintieranzeigen werden von etlichen Liebhabern sehr oft auch junge Tiere angeboten.

Fahren Sie immer persönlich zu dem potenziellen Übergeber und schauen Sie sich in Ruhe die kleinen Kerlchen an. Nehmen Sie sich ausreichend Zeit. Auch hier sollte ein Blick oder gar zwei auf die Behausung und den Zustand der Hamsteranlage geworfen werden. Ist der Bau sehr sauber und haben die Nager genügend zu futtern? Im Normalfall sollten die Tiere etwa drei bis fünf Wochen jung sein, bevor sie übernommen werden können.

Im Weiteren sollten Sie auch keinen allzu großen Wert darauf legen, einen etwa besonders jungen Nager zu bekommen. Schauen Sie doch auch bei nahe gelegenen Tierheimen mal rein, ob sie da kleine Nager zu vergeben haben. Vielfach warten dort viele von den süßen, putzigen Kerlchen auf ein neues Zuhause.

Ein Vorteil ist der, dass die Tiere schon an die Menschen gewöhnt und mit ihnen Vertraut sind und so nicht mehr speziell gezähmt werden müssen. Sie müssen sich aber vorgängig etwa nach dem Charakter, oder Besonderheiten erkundigen. Fragen Sie auch ohne Hemmungen nach, weshalb nun der Nager abgegeben wird.

Ok jetzt ist der da der putzige Hamster!

Auch wenn sie einst in trockenen Wüsten wohnten, so sind die kleinen Nager heute sehr oft alles andere als anspruchslos. Wir geben Ihnen sehr gerne die wichtigsten Tipps zur Tiergerechten Haltung von den niedlichen Tieren.

Wer oder was raschelt denn da etwa oft mitten in der Nacht im Dunkeln. Wahrscheinlich ist es Ihr Hamster, er gräbt sich ein. So könnte es durchaus sein, wenn Sie eines der zierlichen Tiere bei sich aufgenommen haben. Sobald es langsam Dunkel wird, werden die kleinen Nager sogleich sehr aktiv und wirbeln durch die Gegend, um Nahrung zu finden oder in Gängen zu graben. Durch den Tag ist jedoch vielfach Schlafen angesagt.

Sollten die Tiere aber in ihren Aktivitäten gestört werden, so zahlen es die kleinen Nager dann unter Umständen mit sofortigen Bissen heim! Trotzdem können die Tiere natürlich auch sehr zutraulich sein. Bringt man ihnen etwas Geduld entgegen, fressen sie sogar aus der Hand und bereiten uns mit ihrem niedlichen Wesen sehr viel Freude. Vorausgesetzt man beachtet natürlich, einige Dinge bezüglich ihrer Artgerechten Haltung und Pflege. Der kleine Nager ist ein absoluter Einzelgänger und sollte auf keinen Fall mit anderen Tieren zusammen gehalten werden.

Bei der artgerechten Unterbringung des putzigen Kerlchens ist folgendes zu beachten:

Die Tierschutzvorschrift empfiehlt bei unserem kleinen Nager ein Gehege mit einer Fläche von 1,5 Quadratmeter und etwa einer Höhe von 65 cm. Da die Einstreutiefe jedoch oft etwa 25 cm beträgt, ist ein etwas höheres Gehege durchaus Vorteilhafter. Dieser Teil vom Gehege sollte wenn möglich aus Glas oder auch Plexiglas bestehen.

Der obere Teil des Geheges sollte jedoch eine Umrandung mit Gitterstäben aufweisen, weil dies eine optimale Durchlüftung sicherstellt. Als Standort sehr geeignet ist ein eher ruhiger, und auch etwas dunklerer Platz ohne direktes Sonnenlicht oder Durchzug.

Die absolut notwendigen Dinge die zu einem Gehege gehören!

a) Einstreu: Ideal ist hier eine Mischung aus Kleintierstreu, Heu, sowie etwas Stroh, die man ca. 25 cm hoch einfüllt.

b) Nestfüllung aus etwas Heu oder auch farbloses Haushaltspapier.

c) Nagematerial zum Beispiel Äste und Zweige von Sträuchern wie der Hasel und Bäumen, etwa von der Buche oder diversen Bäumen.

d) Genügend Sand, damit sie Graben können, zur Pflege des Fells. Dient auch als Toilette.

e) Unterschiedliche Unterschlüpfe wie zum Beispiel ein Holzhaus oder auch Rinde ist super für die Nager.

f) Unterschiedliche Plattformen für den oberen Teil des Geheges, sodass sich die Gesamtfläche erweitert.

g) Dann auch noch einige flache Steine zum Abwetzen der Krallen. Die Steine müssen dringend dann auf dem Gehege-Boden sein, bevor die Einstreu dazugegeben wird. Denn sonst besteht die Gefahr, dass die Tiere von den Steinen verletzt oder gar erdrückt werden.

Oh! An dieser Stelle muss ich Ihnen eine kleine Geschichte erzählen.

Es war sehr, sehr heiß an diesem Tag im Juli. Peter und Maja spielten auf der kleinen grünen Wiese direkt am oft leise rauschenden Bach in der Nähe von einem beachtlichen Kornfeld, auf dem viele Tausende Blüten in der heißen Sonne reiften. Doch dann bemerkten die Kinder etwas Seltsames.

Schau mal Peter, rief ihm Maja sehr aufgeregt zu. Da bewegt sich doch etwas, da fallen ja oft sehr viele Weizenhalme einfach um. Und ja sicher, da musste irgendetwas sein, dort auf dem riesigen Weizenfeld. Ganz sachte schlichen sich die beiden Kinder an die Stelle heran und sahen zu ihrer Freude einen kleinen Hamster, der sehr hart am Arbeiten war, dass er die Kinder gar nicht bemerkte.

Er biss mit seinen sehr scharfen Vorderzähnen die Weizenhalme am Boden so fest an, bis sie einer nach dem anderen umfielen und er an die ersehnten Weizenkörner ran kam. Diese holte er oft gekonnt mit seinen Zähnen aus den Ähren und verstaute sie in seine beiden Backentaschen, bis diese übervoll von den saftigen Weizenkörnern waren.

Dann verschwand er sehr schwer beladen durch ein kleines Loch im Boden in sein Haus, das er ganz tief in die Erde gebaut hatte. Es war hier für ihn sehr gemütlich, mit einem schönen großen Wohnzimmer und viel warmem Stroh, wo der kleine Nager am Abend nach getaner harter Arbeit sich zum Schlafen legte.

Aber um die Ecke war ein noch sehr viel bedeutender Raum für den putzigen Nager. Dorthin ging er oft am Tage, und seine kleinen Augen bekamen dann immer einen ganz besonderen wunderschönen Glanz. Denn hier war seine Speisekammer.

Da lagen sie nun die vielen Weizenkörner genau nach Plan aufgeschichtet als Nahrung für den immer näher kommenden harten Winter, wenn es draußen eiskalt wird und er sein Haus nicht mehr verlassen kann. Der kleine Hamster war sehr, sehr fleißig und sammelte ununterbrochen Weizenkörner, bis die Menschen eines schönen Tages das ganze Feld geerntet hatten und ein rauer Wind wehte. Und schon bald mischten sich die ersten Schneeflocken unter den strömenden Regen und der Winter näherte sich mit riesen Schritten.

Da saß er nun in seinem schönen Wohnzimmer im weichen Stroh und war so zufrieden über seine vielen Vorräte, als es plötzlich Piep, machte. Er griff sich an Kopf und schüttelte heftig seine beiden Ohren, da hörte er schon wieder dieses Piep, und das gleich dreimal hintereinander. Bei mir Piept's wohl auch, dachte sich der kleine Hamster und stand senkrecht auf. Doch das Geräusch musste irgendwie aus der Speisekammer kommen.

Sehr Aufgeregt schaute er auf seine Vorräte. Dort in der Ecke bewegte sich irgendetwas, und zu seinem Erstaunen sah er eine dicke und auch noch eine, kleine Maus, die fleißig von seinen Körnern naschten und ihn gar nicht erst bemerkten. Da stemmte er seine beiden Pfoten mit aller Kraft in die Seiten und schreite, so laut er nur konnte. Was macht ihr Diebe denn in meiner Speisekammer? Die Mäuse erschraken sich fast zu Tode und verschwanden voller Furcht in die äußerste Ecke der Speisekammer.

Den meisten Mut hatte noch die kleinste Maus. Sie streckte ganz langsam das kleine Näschen aus dem Versteck und rief aus Angst: Bitte, lieber Hamster, wir haben solchen Hunger, und es ist draußen so sehr kalt, und du hast so viel zu essen und so viel Platz. Dürfen wir nicht den Winter hindurch bei dir bleiben, wir stören dich auch ganz sicher nicht und machen dir dann jeden Abend ein schönes warmes neues Bett aus Stroh.

Der kleine Hamster war sehr, sehr nervös und beleidigt und ging in der Speisekammer hin und her und auf und ab. Aber er hatte ja ein sehr gutes Herz, und die kleine Maus tat ihm dann plötzlich leid, wie sie mit ihrem kleinen Bruder so verloren in der Ecke saß. Nun gut, sagte er bestimmt und machte ein freundliches schönes Gesicht, ich will mal nicht so sein. Ihr dürft den Winter hierbleiben. Aber wehe, ihr macht mir etwa Unordnung oder ihr esst meine ganzen Vorräte auf, dann müsst ihr aber sofort verschwinden!

Und so lebten die drei ganz zufrieden den Winter über im Haus des kleinen Nagers bis es an dann an einem schönen Tages plötzlich sehr hell in der sonst im Winter so dunklen Höhle wurde.

Die Sonne schien durch die kleine Öffnung am Boden und wärmte dem kleinen Hamster seine kleinen Beine. Er erwachte plötzlich vom Winterschlaf, reckte und streckte sich und steckte seine Nase ganz sachte aus der Bodenöffnung, um der Sonne einen guten Tag zu wünschen. Ja, genau, es war wirklich Frühling geworden und ganz in der Nähe floss auch schon wieder der kleine Bach. Der kleine Hamster konnte nicht mehr, er musste hinaus in die Sonne, an den Bach und seine Pfoten im bereits angenehm warmen Wasser baden.

Auch die beiden Mäuse kamen oft sachte und langsam aus der Höhle und machten ganz erstaunte Gesichter. Der kleine Hamster saß nun schon eine ganze Weile am Bach und träumte in der Sonne vor sich hin. Er bemerkte nicht, dass sich Gefahr ankündigte und über ihm der Himmel sehr, sehr dunkel wurde. Ein großer drohender Schatten schwebte über ihm, der nichts Gutes zu bedeuten hatte.

Da war plötzlich ein riesiger Greifvogel, sehr hungrig und auf der Suche nach einer leckeren Mahlzeit. Und schon hatte er mit seinen scharfen Augen den kleinen Hamster entdeckt und schoss blitzschnell auf die Erde zu. Seine scharfen Krallen waren bereit, um den kleinen Hamster zu nehmen. Doch die kleine Maus hatte dann alles mitbekommen und rief mit voller Kraft. Lieber Hamster, komm schnell hier her, siehst du denn nicht?

Wie vom Blitz getroffen erwachte der kleine Hamster aus seinem ach doch so schönen Traum und rannte jetzt um sein Leben. Mit allerletzter Kraft erreichte er sein Haus. Eine Kralle des Vogels traf ihn aber trotzdem noch am Kopf, und das Blut tropfte von seinem Ohr auf die Erde und färbte sie rot.

Aber er war in Sicherheit und konnte lange Zeit gar nichts sagen vor lauter Schreck, so hatte ihn die Flucht vor dem Vogel gelähmt.

Er schaute die ganz Zeit immer nur seine beiden lieben Freunde, die kleinen Mäuse an, die ihm das Leben gerettet hatten. Dann stand er auf und nahm seine kleinen Freunde ganz fest in den Arm, drückte sie lange und fest und sagte. Wenn ihr wollt, könnt ihr auch für immer bei mir bleiben. Und die drei lachten und freuten sich und lebten noch lange, lange Zeit zusammen!

Liebe Leserinnen, liebe Leser. Diese kleine Geschichte musste ich euch einfach schnell erzählen.

Kapitel 2

Die bekanntesten Hamsterrassen im Deutschsprachigen Raum.

Nagetiere werden noch nicht so lange als Haustiere gehalten. Erst etwa 1945 hat es das erste Tier als Haustier in den deutschsprachigen Raum geschafft. Seitdem ist er auf dem Siegeszug. Die beliebtesten sind Goldhamsterchen und die viel kleineren Zwerghamsterchen.

Hamsterchen ist eben nicht gleich Hamsterchen. Sie alle haben ihre ganz individuellen Besonderheiten, die wir Ihnen im Folgenden näher beschreiben.

1. Der weitverbreitete Goldhamster.

Der Goldhamster ist mit seinen 12 bis 17 cm und 115 bis 175 Gramm das oft auch schwerste Tier unter den Nagern. Mit seiner Lebensdauer von bis ca. zu 4 Jahren erfreut er seinen Besitzer im Vergleich zu anderen Arten relativ lang.

Den kleinen Nager gibt es in unterschiedlichen Farben und Fellzeichnungen. An der Tagesordnung ist oft die rot-braune Farbe mit schwarzen und weißen Flecken. Die kleinen Nager haben oft schwarze sehr gut sichtbare Augen und einen kleinen Stummelschwanz von etwa 1 cm Länge.

Die kleinen Nager sind Einzelgänger. Wenn sie nicht paarungsbereit sind, wird jeder Artgenosse aus dem eigenen Revier verscheucht – nicht selten kommt es dabei zu blutigen Kämpfen.

Im Wesen des Nagers ist noch viel seines wilden Verwandten, dem Syrischen Vorfahren enthalten. Daher ist der Goldige Nager sehr schreckhaft und nur wenig zutraulich.

Besondere Merkmale

Rumpflänge: Männchen: 15 - 18 cm, Weibchen: 13 - 15 cm

Gewicht: Männchen: 130 - 170 g, Weibchen: 110 - 140 g

Körper: Walzenförmig

Kopf: Rund, mit großen schwarzen Augen

Fell: Dicht, weich

Lebenserwartung: 1 - 4 Jahre

Klasse: Säugetiere

Ordnung: Nagetiere

Familie: Wühler

Gattung: Mittelhamster

Art: Goldhamster

Alle Goldhamster in menschlicher Obhut gehen hier auf drei Weibchen und ein Männchen zurück, die 1932 nahe der syrischen Stadt Aleppo entdeckt wurden. Lesen Sie hier den vollständigen Steckbrief über den Goldhamster.

Erscheinungsbild

Der ursprünglich aus Syrien herkommende Goldhamster wurde in sehr vielen unterschiedlichen Farben und Fellzeichnungen gezüchtet. Die wilde Form des Nagers hat ein braunes Fellkleid mit hellgrauem und oder beigen Bauch.

Typisch für den kleinen Nager sind auch die dunklen Linien an den Backen und die hellen Streifen am Hals.

Der eingestreute Farbeindruck des Fells oft am Rücken, auch Agoutis-Färbung genannt, entsteht oft durch mehrfarbige Haare. Jedes Haar trägt die Farben Schwarz, Braun und beige. Solch eine dreifache Färbung von einem einzelnen Haar ist sehr Typisch für den schönen Nager.

Die niedlichen kleinen Nager haben schwarze, Augen, mit denen sie ein weites Sichtfeld erfassen können. Am Hinterteil des Tieres findet sich oft ein kleiner, knapp ein cm langer Stummelschwanz.

Die Aufzucht des Goldigen Nagers.

Die Paarungszeit der Tiere in der Wildnis liegt oft etwa auch zwischen April und Dezember. Da die Hamsterweibchen während dieser Zeit ca. alle drei bis vier Tage paarungsbereit sind, laufen die Goldhamster-Männchen von Bau zu Bau hin und her, um zu schauen ob es schon so weit ist. Wenn das Weibchen nicht bereit ist, kann es zu einer Auseinandersetzung kommen.

Als Haustier gehaltene Männchen werden für die Aufzucht jeden Abend in das Gehege des Weibchens gesetzt. Ist dieses nicht bereit, müssen die zwei Nager rasch wieder getrennt werden. Ist das Weibchen jedoch bereit, dann kann so eine Paarung gut und gerne eine ganze Nacht dauern.

Nach ca. einer Tragzeit von 18 Tagen kommen ca. 4 - 8 Jungtiere auf die Welt, um die sich die Mutter nun ganz allein kümmert. Die Kinder sind am Anfang noch splitternackt und sehen auch nichts, wachsen aber sehr schnell. Schon nach ca. 25 Tagen können die Weibchen schon wieder Nachwuchs erhalten. Bei den Männchen dauert es 45 - 55 Tage, bis sie wieder Paarungsbereit sind.

Die Art und Weise wie der Goldhamster lebt und sein Verhalten.

Freilebende Tiere sind etwa im Gegensatz zu ihren als Haustier gehaltenen Artgenossen vor allem oft tagsüber sehr aktiv. Sie müssen ja ihren Feinden wie zum Beispiel der Eule aus dem Weg gehen, die auch in der Nacht auf Beutezug sind. Goldhamster verbringen bis zu 85 Prozent ihres Lebens in ihrem Bau, der ca. 40 - 90 cm tief in die Erde eingegraben ist.

Freilebende Tiere sind so genannte fakultative Winterschläfer. Bei sehr kalten Temperaturen bis unter 10° C und weniger als 8 Stunden Licht pro Tag beginnen die Nager dann ihren Winterschlaf abzuhalten. Dabei kann die Körpertemperatur der Tiere auf bis zu 25° C absinken. Hamster, egal ob in der Wildnis oder im Gehege, sind absolute Einzelgänger. Wenn sie dann gerade nicht paarungsbereit sind, wird jeder Artgenosse aus dem eigenen Revier vertrieben, nicht selten kommt es auch zu heftigem Gerangel.

Die verschiedenen Arten der Kommunikation der Nager.

Die Tiere haben einen sehr guten Geruchssinn, Gehörsinn und Tastsinn. Daher können sich die Tiere deswegen auch in völliger Dunkelheit zurechtfinden und verlieren sehr selten die Orientierung.

Durch ihre kleinen Augen haben die Tiere zwar eine gute Rundumsicht, jedoch können sie nicht räumlich sehen. Außerdem sind die Tiere sehr kurzsichtig und können nur auf eine Entfernung von ca. 80 cm ihre Umgebung gut erkennen. Farben können sie nicht besonders gut unterscheiden.

Der Geruchssinn ist bei den Nagern wohl am besten entwickelt. Zum Beispiel ist bei der Paarung vor allem der Duft, den das Weibchen in der Paarungszeit aussendet, besonders elementar. Die Männchen besitzen an ihren Flanken weitere spezielle Drüsen, mit denen sie ihr Gebiet markieren können.

Die Nager nehmen bestimmte Gerüche nicht nur über die Nase auf. Auch über das so genannte Jakobson-Organ, das sich dann im Bereich der Nasenwand befindet, werden bestimmte und spezielle Düfte, aufgenommen.

Das können Markierungsdüfte aber auch noch Sexuallockdüfte sein und geben dann Auskunft über den Grad der Verwandtschaft oder das Geschlecht und die Bereitschaft sich zu paaren.

Aber auch die Hörleistung der kleinen Nager ist nicht zu unterschätzen. Die Tiere können Laute, die im Bereich vom Ultraschall liegen, ohne Probleme wahrnehmen. Diese besonders hohen Laute geben die Nager während der Paarung und zur Verteidigung ab.

Die Artgerechte Haltung des Goldhamsters.

Bevor dann der Nager ins neue Zuhause umsiedelt, sollte das Gehege bereits vorhanden und mit allem auch nötigen Zubehör bestückt sein. Aufgrund der aktuellen Forschung wird eine Gehege-Größe mit einer Fläche von ein bis zwei Quadratmetern empfohlen.

Eine gute Variante zur Vergrößerung der Fläche ist das Verbinden von zwei Gehegen durch Röhren.

Von einer Artgerechten Haltung des Tieres in einem Aquarium ist abzuraten, da die Luftversorgung oft erheblich eingeschränkt ist und diese Art von Heim erschwert zu reinigen ist.

Haben Sie das über den kleinen Nager schon gewusst?

Alle Nager die sich in menschlicher Obhut befinden gehen auf vier Weibchen und oft zwei Männchen zurück, die 1932 nahe der syrischen Stadt Aleppo entdeckt wurden. Ein Forscher etwa, der einen dreieinhalb Meter tiefen Bau freilegte, nahm die Mutter und ihre Jungen mit an die Uni in Jerusalem und erforschte und züchtete die Tiere. Seit 1946 gibt es auch im deutschsprachigen Raum den Hamster als Haustier.

2. Der Teddyhamster.

Der Teddynagers, ist eine Art die oft aus den Goldhamsterchen entstanden ist. Sein sehr langes Haarkleid und seine Wuschelfrisur haben ihm seinen Namen gebracht. Das Haarkleid des Teddynagers benötigt sehr viel Behandlung, denn es wächst ununterbrochen und wird bei den Männchen noch länger als etwa bei den Weibchen.

Für Beginner ist die Haltung von Teddynagern nicht zwingend Ratsam. Das gilt auch für seinen langhaarigen Verwandten, den Angora-Nager.

Der Teddybär ist ein gutmütiger Artgenosse. Er wird schnell zahm und sucht stets den Kontakt zum Menschen. Mit seiner Größe von 11 bis 15 cm gehört er auch zu den etwas größeren Tieren in der Haustierhaltung und erfreut den Menschen bei artgerechter Haltung ca. 2 bis 3 Jahre.

3. Der Dsungarische Zwergnager.

Mit seinen etwa 12 cm Rumpflänge und einem Gewicht von etwa 60 Gramm gehört der Dsungarische Nager auch zu den Zwergnagern. Man erkennt den Hamster an seiner graubraunen Einfärbung und dem schneeweißen Bauch. Den Rücken ziert oft ein schwarzer Linienzug von Kopf bis zum Schwanz. Im Vergleich zu anderen Nagern hat dieser Nager eine sehr rundliche Rumpfform, sehr kleine Ohren und einen kurzen Schwanz.

Der Dsungarische Mininager gehört auch zu den vertrauten Tieren. Er hat ein neugieriges und zutrauliches Wesen. Und selbst noch in höherem Alter kann er noch zahm werden. Das macht ihn zu einem der begehrtesten Nager in der Artgerechten Haustierhaltung. Mit einer Lebenserwartung von bis zu 4 Jahren erfreut er seinen Besitzer doch recht lange.

Besondere Merkmale - Typische Merkmale.

Körperlänge: Weibchen: 9 - 11 cm, Männchen: 11 - 13 cm

Gewicht: Weibchen: 36 - 42 g, Männchen: 46 - 60 g

Körper: Walzenförmig

Kopf: Rund, mit großen schwarzen Augen

Fell: Kurz, dicht

Lebenserwartung: 2 - 4 Jahre

Klasse: Sind Säugetiere

Ordnung: Nagetiere

Familie: Dauerwühler

Gattung: Kurzschwanz-Zwergnager

Art: Dsungarischer Zwergnager

Erscheinungsbild

Das zarte Fell des Dsungarischen Zwergs ist grau-braun, mit einem schönen weißgefärbten Bauch. Auf dem Rücken befindet sich ein schwarzer Aalstrich vom Kopf bis zur Schwanzspitze.

Der Kontrast zwischen dem weißlichen Bauch und dem graubraunen Rücken des Dsungarischen Zwergnagers wird durch einen schwarzen Grenzstrich noch zusätzlich betont. Die sogenannte Dreibogen-Linie. Dreibogen-Linie deshalb, weil die schwarze Linie zwischen der Ober- und der Unterseite in drei Bögen verläuft.

Das zarte Fell des Dsungarischen Tiers ist sehr weich und flauschig. Auch an den Füßen hat das Tier sehr feine Haare.

Die Artgerechte Aufzucht des kleinen Nagers.

Frei lebende Nager paaren sich vor allem oft auch in einer siebenmonatigen Paarungsphase die etwa von April bis Oktober dauert. Das Paarungsverhalten funktioniert bei Zwergnagern etwas anders als bei den Goldigen Nagern.

Sobald ein Männchen merkt, dass das Weibchen paarungsbereit ist, gerät es in eine gewisse Hektik. Die Paarung kann dann oft innerhalb von nur wenigen Augenblicken stattfinden.

Im Gegensatz etwa zu Goldnagern, bei denen die Aufzucht der kleinen reine Damensache ist, dulden Dsungarische Zwergnager Weibchen den Vater ihres Familienzuwachses in ihrer Nähe. Er kann auch bei der Geburt der kleinen Nager helfen. Danach verlässt er jedoch oft umgehend das Nest. Insgesamt vergehen beim Dsungarischen Zwergnager etwa 16 Tage bis die Jungen auf Welt kommen.

Die normale Geburtszahl beträgt etwa vier bis sechs Junge. Spätestens nach der Geburt sollte man das Männchen wieder von der Mutter trennen, da es sonst abermals zu einer erneuten Paarung kommt. Nach 46 bis 50 Tagen sind auch die jungen Tiere geschlechtsreif.

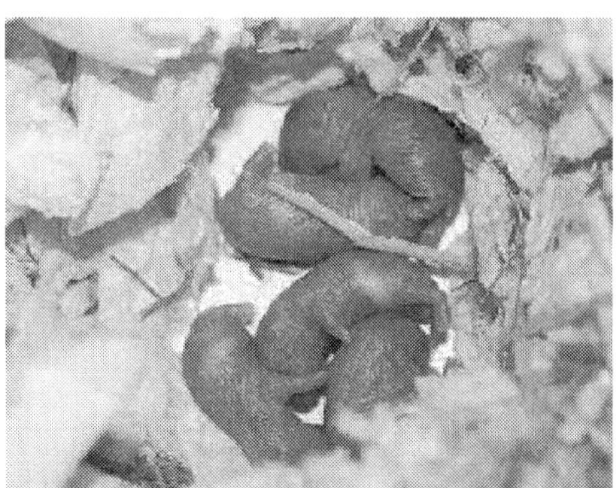

Die Lebensweise und das Verhalten des Zwerghamsterchens.

Die Zwerghamsterchen sind dann auch wie die anderen Arten vorwiegend Nachtaktiv. In Menschenhand gehört das Tier oft zu den zutraulichsten seiner Gattung. Denn auch im Alter besteht oft noch die Möglichkeit, dass der Nager zahm wird genau wie bei den anderen Arten. Gestreichelt werden möchte er aber nicht unbedingt.

Im Grunde sollten die Tiere einzeln gehalten werden. Nur in wenigen Fällen ist eine Paarhaltung möglich. Sobald die kleinen Nager geschlechtsreif sind, kann es zu ernsthaften Kämpfen kommen. Ausnahmsweise dann nur während der Tragzeit und manchmal auch während der Erziehung wird etwa der Vater der kleinen von der Mutter der Tiere geduldet.

Die Zwergnager halten auch keinen Winterschlaf. Auch bei den wildlebenden Artgenossen setzt nur der so genannte Halbschlaf ein. Zwar handelt es sich auch hierbei um einen Schlafzustand, dieser wird jedoch nicht durch die eisige Kälte, sondern durch den Mangel an genug Nahrung ausgelöst.

Die Kommunikation sowie die Sinnesleistungen der kleinen Nager.

Die Tiere können sich etwa aufgrund ihres sehr gut entwickelten Geruchssinns, Gehörsinns und Tastsinns auch in kompletter Dunkelheit zurechtfinden und verlieren dabei niemals die Orientierung wo sie denn gerade sind.

Da sie oft nur zur Dämmerungs- oder Nachtstunde unterwegs sind, können die Tiere Farben sehr oft nicht sehr gut voneinander unterscheiden. Durch ihre Knopfaugen haben die Zwergnager zwar auch eine gute Rundumsicht, jedoch können sie nicht räumlich sehen. Und im Weiteren sind sie sehr kurzsichtig und können dann nur auf eine Distanz von etwa einem knappen Meter ihre Umgebung gut erkennen.

Der Geruchssinn ist bei Zwergnagern wohl am besten von allem ausgeprägt. Zum Beispiel ist bei der Paarung vor vorwiegend der Duft, den das Weibchen in der Paarungszeit aussendet, sehr wichtig.

Duftstoffe werden aber nicht nur über die Tierausscheidungen abgegeben. Die Zwergnager besitzen auf der Bauchseite eine Drüse. Aufgenommen werden die Gerüche nicht nur über die Nase.

Auch über andere Organe wie etwa durch die Haut werden Substanzen, so genannte Pheromone ebenfalls sehr gut wahrgenommen. Pheromone können Markierungsstoffe aber auch Sexuallockstoffe sein und geben Hinweise über den Verwandtschaftsgrad oder auch das Geschlecht der jeweiligen Tiere und die Paarungsbereitschaft des anderen Tieres.

Aber auch die Hörfähigkeit ist nicht zu verachten. Zwergnager können Laute, die im Ultraschallbereich liegen, problemlos wahrnehmen. Diese besonders hohen Töne geben die Tiere während der Paarung und zu ihrer Verteidigung von sich.

Die richtige Haltung des Zwergnagers.

Bevor das Tier ins neue Heim einzieht, sollte der Bau schon bereit sein und mit sämtlichem notwendigen Zubehör ausgestattet sein. Laut einer neuen Studie wird ein Gehege mit einer Fläche von gut einem Quadratmeter empfohlen. Zwergnager wechseln zudem oft mit Vorliebe das Gehege.

Man kann ihnen daher oft auch verschiedene Schlafgemache anbieten: Zum Beispiel eines aus einer ausgehöhlten Kokosnuss oder auch einer nicht mehr benötigten Keramikschale.

Wussten Sie das schon über den kleinen Zwergnager?

Der kleine wurde 1775 das erste Mal entdeckt. In der Natur wechselt die Farbe seines Fells im Winter von graubraun zu schneeweiß. In der Haustierhaltung kommt etwa der Wechsel der Farbe wegen der warmen Temperatur in der Umgebung des Tieres nicht vor. Durch die behaarten Füße ist der kleine zwar kein besonders guter Kletterer, dafür aber sehr gut vor Kälte und Eis geschützt und dringt in freier Wildbahn auch gern mal in schneereiche Gebiete vor.

4. Der niedliche Campbell Zwergnager.

Der Campbell ist ein naher Angehöriger vom Dsunganager und sieht ihm sehr ähnlich. Bei dann genauerem Betrachten ist das Fellkleid des Campbell Nagers jedoch etwas bräunlicher und der Aalstrich ist nicht ganz so dunkel wie beim Dsunganager.

Wie wir ja bereits wissen sind die meisten Nager Einzelkämpfer und dulden sich nur während der Paarungszeit. Nicht aber der Campbell. In der Natur lebt er verbunden. Das Männchen bleibt seine ganze Lebensdauer beim Weibchen und den Nachkommen.

Ausschlaggebend dafür ist sein Gebiet wo er in der Natur verbreitet ist. Da kann das Thermometer auch schon mal unter 25 Grad Minus anzeigen und selten die minus 15 übersteigen. Das gemeinsame Leben schützt vor zu starker Abkühlung.

Demnach sind Campbell-Nager oft keine sturen Einzelgänger und können auch in Gruppen gehalten werden, wenn die Tiere sich gut verstehen und vor allem genug Platz zur Verfügung haben.

Wegen ihres überdurchschnittlich gut entwickelten Geruchssinns, Gehörsinns und Tastsinns können sich Campbellnager auch in völliger Dunkelheit sehr gut orientieren und verlieren dabei niemals die Übersicht. Erfahren Sie in den nachfolgenden Details mehr über den Campbellzwergnager.

Die Merkmale und Eigenschaften des Zwerg-Campbells.

Körperlänge: Weibchen: 6 - 8 cm, Männchen: 9 - 11 cm

Gewicht: Weibchen: 22 - 42 g, Männchen: 27 - 52g

Körper: Walzenförmig

Kopf: Rund, mit schwarzen Augen

Fellkleid: Kurz und dicht

Lebenserwartung: 1 - 4 Jahre

Klasse: Säugetiere

Ordnung: Nagetiere

Familie: Dauerwühler

Gattung: Zwerghamster mit sehr kurzem Schwanz

Art: Zwerg Campbell

Das Aussehen und Erscheinungsbild des Campbell.

Das Fellkleid des Campbellnagers ist graubraun, nur an der Unterseite vom Körper weißlich. Vom Kopf bis zur Spitze vom Schwanz verläuft ein brauner Aalstrich. Im Gegensatz etwa zum Zwergdsunga hat er keine dunkle Grenzlinie zwischen der Ober- und Unterseite.

Im Allgemeinen ist das Fellkleid der Zwergcampbell etwas bräunlicher als das des Dsunganagers. Im Nacken wirkt es manchmal etwas struppig. Wegen der ursprünglichen Verbreitung in eher kälteren Umgebungen sind die Füße auch behaart. Wie der Name der Art schon sagt, besitzt der Campbell einen ganz kurzen Schwanz.

Die Nachkommen und die entsprechende Aufzucht.

Die Zwergnager paaren sich fast das ganze Jahr über, da bei einer saisonalen Paarung der Artbestand gefährdet wäre. Das Verhalten beim paaren läuft bei den kleinen Tieren etwas anders ab, als bei den Goldhamstern.

Sobald ein Männchen merkt, dass das Weibchen paarungsbereit ist, verfällt es in eine richtige Hektik. Die Paarung kann dann sogar im Abstand von nur ganz wenigen Sekunden stattfinden. Aufgrund der Bedingungen wie etwa Kälte und Wasserknappheit, hat der Vater dann eine wichtige Rolle bei der Geburt und Aufzucht der kleinen.

Die Tragzeit des Campbell liegt bei ziemlich genau 17 Tagen. Ein Weibchen kann bis zu zehn Junge zur Welt bringen. Der Schnitt liegt jedoch bei sechs. Spätestens nach der Geburt sollte man das Männchen wieder von der jungen Mutter trennen, da es sonst zu einer neuen Paarung kommt. Nach etwa 50 Tagen sind auch die jungen Campbell paarungsbereit.

Die besondere Lebensweise und das Verhalten.

In der Natur sind die Campbell Nager im Februar Temperaturen bis unter Minus 31 Grad ausgesetzt. Nur sehr, sehr selten zeigt dann das Barometer der Verbreitungsregion weniger als etwa Minus 18 Grad an. Auch die Menge der Niederschläge ist sehr gering.

Diese äußeren sehr kargen Umstände haben oft zu einer ganz bestimmten Lebensweise der Campbell Nager geführt. Sie leben oft in einer monogamen Beziehung. Das Männchen darf beim Weibchen und den Jungtieren bleiben.

Der Grund ist folgender: Die starke Abkühlung und der Wasserverlust werden auf diese Art und Weise erheblich vermindert. Deswegen sind Campbell Nager etwa keine sturen Einzelgänger. Sie sind genauso wie die anderen Gattungen Dämmerungs- und Nachtaktiv. Auch halten sie keinen richtigen Winterschlaf. Beim Absinken der Temperatur auf oft etwa Minus zwölf Grad, was in ihrem Ursprungsheimatland nicht selten ist, sinkt auch die Körpertemperatur der Tiere auf bis zu 24 Grad ab.

Wie Kommunizieren Nager?

Wegen ihres sehr gut entwickelten Geruchssinns, Gehörsinns und Tastsinns können sich die Tiere auch in totaler Dunkelheit durchschlagen und verlieren dabei dann nie die Kontrolle. Da ja die Zwerge oft nur zur Dämmerungs- oder Nachtstunde aktiv sind, können sie Farben nicht sehr gut unterscheiden.

Durch ihre kleinen runden Augen haben die Nager zwar eine gute rund herum Sicht, jedoch können sie nicht räumlich sehen. Im Weiteren sind sie auch stark kurzsichtig und können nur auf eine Entfernung von ca. 90 cm ihre Umgebung noch gut erkennen.

Der Geruchssinn ist bei den Nagern wohl am besten ausgebildet. Zum Beispiel ist bei der Paarung vor allem der Duft, den das Weibchen in der Paarungszeit versprüht, besonders wichtig. Duftstoffe werden aber nicht nur über den Kot oder Urin verstreut. Die Nager besitzen auf der Bauchseite eine spezielle Drüse die dazu dient.

Aufgenommen werden die Gerüche nicht nur über die Nase. Auch über das sogenannte Jakobson-Organ, welches sich dann im Bereich der Nasenwand befindet, werden hier diverse Duftstoffe, stets wahrgenommen. Das können Markierungsstoffe aber auch Sexuallockstoffe sein und geben Informationen über den Verwandtschaftsgrad oder das Geschlecht und die Liebesbereitschaft des anderen Tieres. Aber auch die Hörstärke der Tiere ist nicht zu verachten.

Die Nager können sogar Geräusche, die im Ultraschallbereich liegen, ohne Probleme wahrnehmen. Diese oft besonders hohen Töne geben die Tiere während der Paarung und zur ihrer eigenen Verteidigung ab.

Wissen Sie das vielleicht schon?

Der Campbell, wie er auch sehr oft genannt wird, ist mit dem Dsungarnager so nah verwandt wie wir ja schon erfahren haben, dass allenfalls sogar eine Kreuzung der beiden Nager möglich ist. Die Nachfahren sind aber dann sehr schwach und fast unfruchtbar.

Nicht selten also sterben sie dann sogar schon im Leib der Mutter. Diese starke Ähnlichkeit zum Dsungarnager ist auch der Grund, warum der Campbell erst in den 1980er Jahren als eigene Gattung anerkannt wurde, obwohl er schon im Jahre 1920 von den Zoologen entdeckt wurde.

5. Der Roborowskinager.

Der Roborowskiwinzling ist sehr, sehr klein. Mit seinen knapp fünfeinhalb Zentimetern Länge und nur gerade etwa 25 Gramm Körpergewicht ist er der kleinste Vertreter der Zunft und sogar der kleinste Weltweit! Das braucht besondere Artgerechte Halterbedingungen. Freilauf in der Wohnung ist für diesen kleinen Zwerg brandgefährlich. Im besten Fall können Sie einen Bereich in der Wohnung für das Tier fix reservieren, und mit Plexiglas absichern.

Sollte das jedoch nicht möglich sein, dann müssen Sie dafür sorgen, dass sein Gehege dich mit Gitterstäben versehen ist da er so klein ist und sonst abhauen könnte. Auch sollte sein Gehege abwechslungsreich gestaltet sein, und auch geräumig genug sein, damit der Nager etwa seinen Bewegungsdrang genug ausleben kann.

Denn er ist sehr aktiv, und zwar nicht nur in der Nacht, sondern auch am Vormittag. Im Allgemeinen gilt der Roborowskinager als sehr scheu, aber auch als sehr friedlich. In einzelnen Fällen kann er auch schon mal zusammen mit einem Artgenossen gehalten werden.

Achtung! Für Kinder und Neuhalter ist der Roborowskinager auf keinen Fall geeignet. Er ist zu anspruchsvoll in der Haltung und wegen seiner sehr geringen Statur leicht verletzbar.

Die Merkmale des kleinen Zwergs!

Körpergröße: Weibchen: 4 - 5 cm, Männchen: 5 - 8 cm

Gesamtgewicht: Weibchen: 15 - 23 Gramm, Männchen: 22 - 28 Gramm

Statur: Walzenförmig

Kopf: Rund, mit großen schwarzen Augen

Fellkleid: Kurz, dicht

Lebenserwartung: 1 - 3 Jahre

Klassifizierung: Säugetiere

Ordnung: Nagetiere

Familienangehörigkeit: Dauerwühler

Unterartenfamilie: Hamster

Gattung: Kurzschwanz-Zwerghamster

Art: Die Zwerge aller Hamsterarten

Das Aussehen und Farbmuster des Roborowskizwergnagers.

Der kleine Zwerg hat etwa im Gegensatz zu den anderen Artgenossen keinen dunklen Aalstrich auf dem Rücken, aber sehr oft ein gleichmäßig sandfarbenes Fellkleid, das ihm für seinen natürlichen Lebensraum eine gute Tarnfarbe gibt. Das wunderschöne Fellkleid des kleinen ist auch etwas länger und auch an den Füßen hat der kleine Winzling Haare. Die Schnauze und der Bauch unseres Zwergs sind schön weiß.

Zuchten mit anderen Farbmustern gibt es noch keine. Ab und zu findet man den Weißkopfroborowski als neue Farbe des Roborowski. Doch Vorsicht. Dabei handelt es sich um eine sogenannte Qualzucht. Mit der Weißfärbung am Kopf vererbt sich auch die Drehkrankheit, bei der sich die Roborowski ständig im Kreis drehen!

Nachwuchs und Aufzucht des Minihamsters.

Die Roborowski Winzlinge haben einen saisonalen Paarungszyklus: von Mai bis zum Oktober. In dieser Zeit bringen die Weibchen zwei bis drei Würfe auf die Welt.

Das Paarungsverhalten läuft bei diesen Zwergen etwas anders ab, als bei den meisten Arten. Sobald ein Männchen merkt, dass das Weibchen bereit ist, gerät es in Panik. Die Paarung kann dann sogar im Abstand von nur wenigen Augenblicken stattfinden.

Die Tragdauer beträgt bei den Winzlingen 16 Tage. Die mittlere Wurfgröße ist im Vergleich zu seinen größeren Artgenossen mit drei Jungen sehr klein. Das Weibchen kann vereinzelt aber auch bis zu sieben Junge auf die Welt bringen. Die jungen Zwerge sind dann bereits nach nur 25 Tagen selber schon bereit für eigenen Nachwuchs.

Das Verhalten des winzigen Nagers.

Die niedlichen Zwergnager sind nicht nur zu nächtlicher Stunde fit und munter, sondern auch teils auch durch den Tag. Im Gegensatz zu ihren größeren Widersachern halten Winzlinge jedoch weder einen Winterschlaf noch fallen sie in den so genannten Halbschlaf. Jedoch sind die Tiere oft in der kalten Jahreszeit viel weniger aktiv und hektisch als Gewöhnlich.

Grundsätzlich sind die Winzlinge zwar ja sehr scheu, dafür aber auch sehr angenehm in der Haltung. Sie beißen so gut wie nie, lassen sich aber trotzdem nicht so gerne berühren. Sie sind etwa im Vergleich zu den meisten anderen Genossen gesellige Tiere. In Einzelfällen kann man die kleinen sogar zu zweit halten.

Außerdem haben sie auch einen sehr aktiven Bewegungsdrang und brauchen deswegen sehr viel Auslauf und Beschäftigung. In freier Natur gehören sie demnach zu den Nagern, die oft den weitesten Weg für ihre Nahrungssuche zurücklegen müssen.

Wie Kommunizieren die kleinen Burschen eigentlich?

Aufgrund ihres außergewöhnlich gut entwickelten Geruchssinns, Gehörsinns und Tastsinns können sich etwa Roborowski Zwerghamster auch in völliger Dunkelheit zurechtfinden und verlieren niemals die Orientierung.

Da die Roborowski Zwerghamster meist sehr oft nur zur Dämmerungs- oder Nachtstunde unterwegs sind, können sie Farben nicht sehr gut unterscheiden. Durch ihre Knopfaugen haben die Zwerghamster zwar eine gute Rundumsicht, jedoch können sie leider nicht räumlich sehen. Außerdem sind Roborowski Zwerghamster stark kurzsichtig und können oft nur auf eine Entfernung von einem Meter ihre Umgebung scharf erkennen.

Der Geruchssinn ist beim Roborowski Zwerghamster wohl dann am besten ausgeprägt. Beispielsweise ist bei der Paarung der Duft, den das Weibchen in der Brunstzeit sehr oft aussendet, besonders wichtig. Und so funktioniert der Geruchsinn des Zwerghamsters:

Die Duftstoffe werden sowohl über den Kot und Urin abgegeben, als auch über eine spezielle Drüse die beim Tier an der Bauchseite platziert ist.

Aufgenommen werden die Gerüche nicht nur über die Nase, auch über das Vomeronasalorgan kann der Nager auch oft gewisse Substanzen, so genannte Pheromone, aufnehmen. Pheromone können Markierungsstoffe aber auch Sexallockstoffe sein und geben Informationen über den Verwandtschaftsgrad oder das Geschlecht und die Paarungsbereitschaft des anderen Tieres.

Auch die Hörfähigkeit des Zwergnagers ist sehr gut ausgeprägt. Er kann Laute, die im Ultraschallbereich liegen, problemlos wahrnehmen. Diese besonders hohen und lauten Geräusche geben die Tiere während der Paarung und zur eigenen Verteidigung ab.

Die Artgerechte Haltung des Winzigen Hamsters.

Die Artgerechte Haltung des Zwergs ist ein wenig komplizierter als bei seinen größeren Artgenossen. Die Gitterstäbe der handelsüblichen Käfige sind meist viel zu weit auseinander gesetzt, so dass der Winzling sehr oft mit Leichtigkeit entweichen kann. Deswegen bietet sich als sicheres Gehege für das sehr kleine Tier ein nicht mehr anderweitig benötigtes Aquarium oder Terrarium an.

Auch bei der Ernährung des Tieres ist viel richtig zu machen. Das Essen muss wenn immer möglich ballaststoffhaltig und fettarm sein. Im Idealfall bieten Sie Heu und unterschiedliche feine Samenarten an wie:

Reine Hirse – Leinsamen und Sesamsamen!

Auf Lockmittel wie dann etwa Erdnüsse sollten Sie im Ernährungsplan des Kleinnagers komplett verzichten.

Die sehr kleinen Tiere eignen sich eher für Liebhaber, die ihr Tier gerne oft beobachten. Für Kinder oder Hamsterneuhalter sind die kleinen Nager wegen der sehr anspruchsvollen Haltung nicht gut geeignet!

Wissen Sie das schon über den Winzling?

Den Namen des Tieres hat er von seinem Entdecker Robrov erhalten, der den kleinen Hamster 1896 entdeckte.

Im Jahre 1905 wurde der Winzling von dem Forscher Satunin das erste Mal erwähnt. Erst in den 80er Jahren wurde der Nager als Heimtier entdeckt.

6. Der Chinesische Streifennager.

Die Merkmale vom Chinesischen Streifennager.

Die Herkunft: Nordchina, Mongolei

Farben: Braun, weiss

Gewicht: 35-45g

Besonderheiten: Sehr zutraulich

Der Chinesische Streifennager unterscheidet sich im Verhalten von anderen Hamsterarten markant. Einmal auf die Hand genommen, ergreift er oft nicht sofort die Flucht. Er hält sich an den Fingern fest und ist viel zutraulicher als andere Artgenossen. Der Streifenhamster ist auch sehr neugierig, agil und wie die meisten anderen sehr nachtaktiv. Ähnlich wie die Farbmäuse klettern die Streifenhamster sehr gerne.

Leider können sie jedoch an Diabetes erkranken. Symptome sind oft häufiges Trinken, Gewichtsverlust und eine Trübung der Augenlinse. Meiden Sie von daher Futter mit Zuckerzusatz und süßes Obst. Der Käfig sollte mindestens 80 mal 50 cm groß sein. Es müssen auch genügend Klettermöglichkeiten aus Ästen, Sisal- und Hanfseilen vorhanden sein.

Nur etwa auf diese Weise kann der sehr hohe Bewegungsdrang gewährleistet werden. Auch ist Bade-Sand zu empfehlen, damit die Hamster ihr Fellkleid durch ein Sandbad auch sehr gut pflegen können. Das lieben die Tiere. Die Streifenhamster ernähren sich vorwiegend von Saaten. Aber auch von Obst, Insekten, Kräutern und Gräsern. Meiden Sie bei der Futtergabe auf fettreiche Saaten. Die Tiere benötigen auch frisches oder getrocknetes Gemüse. In dieser Vielfältigen Ernährung unterscheiden sie sich von anderen Zwerghamstern.

Das Erscheinungsbild des Streifennagers.

Diese Hamsterart ähnelt einer Maus. Die Gestalt des Hamsters ist schlanker und auch größer als die der anderen im Deutschsprachigen Raum bekannten Artgenossen. Auch der Schwanz ist oft etwas länger als bei Zwerghamstern normal ist. Sie erreichen ca. eine Größe von 9 bis 12 cm. Das weiche Fellkleid ist braun.

Das Unterfell ist weiß eingefärbt. Besonderes Merkmal ist auch ein Aalstrich auf dem Rückenfell, der dann vom Hals bis zum Schwanz reicht. Neben der natürlichen Färbung gibt es auch noch oft etwa weiße Aufzuchtformen. Der Streifenhamster hat große, runde, schwarze Augen.

Die Aufzucht und die Geschichte des Streifennagers.

Der Hamster kommt Ursprünglich ja aus Südchina und der Nordmongolei. Er bewohnt dort eine sehr unwegsame Landschaft. Sehr wichtig ist, bevor man sich zur Zucht hingibt, sich sehr genau zu informieren. Bei bereits erwachsenen Zwerghamstern kann man das Geschlecht sehr gut feststellen.

Etwas anders verhält es sich bei jungen Tieren, die mit drei Wochen unbedingt getrennt werden sollten. Bei so jungen Tieren erkennt man nicht immer sofort und ohne Probleme, um welches Geschlecht es sich genau handelt. Es ist sehr wichtig, dass man auch die Genetik der Nager beachtet, die eine wichtige Tatsache darstellt, gesunde junge Nager zu züchten. Geschwister oder Mutter und Sohn sollten besser keine Nachkommen zeugen.

Genauso Wichtig ist auch, schon davor dafür zu schauen, dass der Nachwuchs gute neue Halter findet. Hamster sind, wie eingangs schon beschrieben, keine Gruppentiere. Daher kann man nicht alle Tiere behalten.

Einfach nur Hamster zu züchten und diese Tiere dann ins Tierheim oder an die Zoohandlung zu geben, wäre sehr unverantwortlich gegenüber den Nagern, weil man nie wissen kann, was dann genau mit ihnen geschieht. Es gibt genug Hamster und sehr viele warten in Tierheimen schon jetzt auf ein schönes Zuhause und einen guten Besitzer.

Deswegen sollte man nicht einfach so, ohne darüber nachzudenken, noch mehr Hamster züchten, die dann kein geeignetes Zuhause finden. Aussetzen dürfen Sie die Hamster auf gar keinen Fall. Die Zwerghamster sind unsere Temperaturen nicht gewöhnt, sind nicht in der Lage, selber Futter zu suchen und werden im Freilauf sehr schnell das Opfer einer hungrigen Katze oder auch von anderen Raubtieren.

Viele Züchter von Hamstern wie dem Chinesischen Streifenhamster sind oft in Vereinen Mitglied. Wenn Sie junge Hamster von Züchtern möchten, finden Sie diese über die vielen Anzeigen für Hamster. Wenn Sie sogar selbst Züchter sind, können Sie unter den Hamsteranzeigen einfach und kostenlos Inserieren. Als Interessent haben sie die Möglichkeit, eine Anzeige Gratis zu schalten.

Chinesische Streifennager sind von Natur aus Einzelgänger und sollten auch einzeln gehalten werden. Bei der Haltung von mehreren Tieren kommt es sehr oft zu unschönen Kämpfen unter den Tieren, die in schwere Bissverletzungen oder sogar auch im Tod eines oder einiger Tiere enden können. Chinesische Streifennager sind sehr lebhaft und auch sehr verspielt, stark nachtaktiv und können sehr gut auf alles Mögliche klettern.

Das Gehege, in dem der Hamster lebt, sollte auf keinen Fall auf dem Boden platziert werden. Zwerghamster sind Fluchttiere, es gibt ihnen eine Sicherheit einen guten Überblick über ihre Umgebung zu haben. Auch wenn sie nicht die allerbesten Augen haben. Auch ist es wichtig, nicht zu oft den Ort des Geheges zu wechseln. Die Hamster gewöhnen sich an den Standort und bekommen so die gewünschte Sicherheit.

Die wichtige - richtige Ernährung - des chinesischen Streifennagers.

Wir haben Ihnen folgend eine kleine Liste zusammengestellt, welche Dinge und Futtermittel in der Ernährung des Hamsters nicht fehlen sollten.

- Kleine Zweige - zum knabbern

- Einen Nagestein

- Heu – am besten täglich

- 3 Teelöffel Trockenfutter – am besten täglich.

- Frisches Wasser - mehrmals täglich das Wasser prüfen.

- Grünfutter - nur als Leckerchen und nicht als Hauptmahlzeit.
- Eiweißfutter

- Nüsse und oder Sonnenblumenkerne

- Getrocknetes Brot

- Hirse, Hanfsamen, Erbsenflocken, Maisflakes, Mais, Nudeln, Getreidekörner

- Erdnüsse, Haselnüsse, Johannisbrot, Sonnenblumenkerne, nicht zu viele.

Nicht geeignet sind Zitrusfrüchte, Salatblätter und Kohlsorten!!!!!

7. Das Satin-Goldhamsterchen hätte ich ja fast vergessen!

Die Eigenschaften und Merkmale des Goldigen.

Herkunft: Syrien, Türkei, Israel

Gattung: Mittlerer Hamster

Größe: 11-17 cm

Fellkleid: Zahlreiche Farben; hat glänzendes, schimmerndes Fell

Lebensdauer: 2 bis 3 Jahre

Charakter: Sehr Ausgeglichen, sehr zutraulich

Haltung: Einzeltiere

Die nähere Beschreibung der Art des Satingoldnagers.

Das Markenzeichen des Satinnagers ist sein außergewöhnlich wunderschönes Fellkleid. Es hat einen fantastisch seidigen und schimmernden Glanz. Von wo und wie kommt das? Weil seine Haare innen hohl sind, kann das Sonnenlicht durchscheinen und erzeugt diesen wunderschönen tollen Effekt.

Das wundschöne Tier gibt es nicht nur mit kurzem Fellkleid, sondern auch als Langhaarfellkleid. Bei den Farben bestehen meistens keine Beschränkungen. Am schönsten ist das Schimmern bei schwarzem, rotem oder weißem Fellkleid festzustellen. Der geniale Tier ist im Weiteren keine eigene Art, sondern eine Zuchtform des bekannten Goldnagers.

Wenn das schöne, weiche Fell Ihres Satinnagers stumpf und matt ist oder kahle Stellen aufweist, kann Ihr Hamster vielleicht auch krank sein - oder er bekommt vielleicht nicht die richtige Ernährung.

Damit das Tier gesund und munter bleibt, brauchen Hamster eine vielseitige und ausgewogene Ernährung aus trockenem und frischem Futter. Das ist bei Hamstern oft gar nicht so einfach zu handhaben. Etliche Futtermischungen enthalten auch Schimmelsporen oder auch etwa oft bunte Zutaten mit sehr schädlichem Zucker und auch noch zu viel Fett. Er sollte - seiner Gesundheit zuliebe - auch keine schimmeligen oder etwa faulten Gemüsereste serviert bekommen. Wir Menschen würden sie ja immerhin auch nicht mehr essen oder?

So, was Schmackhaftes bekommt das Tier denn nun auf den Teller?

Am einfachsten genau das, was das Tier in der Natur auch fressen würde. Seine Nahrung sollte vor allem dann aus Getreide, getrocknetem Gemüse, Kräutern, Samen sowie ab und zu ein paar Nüssen und Kernen bestehen. Auch leckere Insekten wie getrocknete oder lebende Käferlarven gehören zu seinem Speiseplan und in kleinen Mengen auch etwas frisches Gemüse.

Auch empfehlen wir hier sehr, ein gutes Buch zu besorgen. Man muss ja nicht gleich eine ganze Bücherserie kaufen, sondern kann zum Beispiel auf Amazon eine solches auswählen. Und das am besten natürlich noch vor dem Kauf eines Tieres, damit man dann auch gut vorbereitet ist und seinem lieben Tier ein gutes, angenehmes Zuhause bieten kann.

Besonderheit

Mehr als ein Satinnager sollte nicht miteinander gepaart werden. Das Fellkleid der jungen wird sonst oft sehr dünn. Notwendig ist es sowieso nicht, denn die Info für das Satin-Fellkleid ist im Erbgut stark geprägt und wird übernommen.

8. Ein weiteres sehr beliebtes Tier ist der Scheckenhamster.

Die besonderen Merkmale des Scheckennagers.

Herkunft: Syrien, Türkei, Israel

Gattung: Mittlerer Hamster

Länge: 13-17 cm

Fellfarbe: Viele, immer mit farbigen Schecken

Lebensdauer: 2 bis 4 Jahre

Charakter: Manchmal nervös und schreckhaft

Haltung: Einzelhaltung empfohlen

Nähere Beschreibung der Art vom Schecken.

Die Schecken besitzen ein sehr buntes Fellkleid. Die kleinen Nager sehen aus, als wären sie in mehrere Töpfe mit verschiedenen Farben gefallen, denn sie haben überall auf ihrem Körper farbenfrohe Flecken.

Diese sind nicht schön gleich verteilt, sondern unterschiedlich groß und an den verschiedenen Stellen am Rumpf angeordnet. Kein Scheckennager gleicht dem anderen! Jeder sieht individuell und einzigartig aus. Die einen haben oft nur wenige oder aber nur kleine Flecken, bei den anderen sind sie sehr groß.

Der angenehme Charakter der Scheckennager.

Die Tiere sind wegen ihrer schönen Flecken, und der fröhlichen Art oft ganz besonders beliebt. Sehr oft werden sie jedoch auch als eher nervös ja sogar als etwas aggressiv wahrgenommen. Zum Glück stellt sich das nicht immer als unbedingt wahr heraus. Schließlich hat jedes Tier seine eigene Persönlichkeit.

Bei der Aufzucht der Scheckennager wurde mehr auf die farbigen Flecken geachtet als auf die Vererbung einer guten Gesundheit, leider! Und eines robusten Immunsystems. Deswegen sind etliche Tiere oft viel anfälliger für diverse Krankheiten und verlassen den Halter eher früher als erwünscht. Als Anfänger sollten Sie vielleicht lieber einen Nager wählen, der etwas robuster ist.

Die Scheckennager sind auch etwas größer als der durchschnittliche Hamster, also eher 14 bis 17 cm. Jedoch aber auch hier gilt, die Ausnahmen sind die Regel.

Beim Fellkleid gibt es eine sehr reiche Vielfallt. Weiß, Wildfarben, Creme, Schokolade, Kupfer, Champagner, Taube, Zimt, Gold, Gelb, Sepia, Grau - es gibt fast keine Farbe, die er nicht haben könnte. Sehr oft hat er auch mehr als nur zwei Farben. Auch die Augen können verschiedene Farben besitzen. Der Bauch ist in den meisten Fällen ganz weiß.

Eine Besonderheit der Schecken ist, dass sie sehr empfindlich auf Luftzug reagieren. Das ist natürlich etwas heikel, denn es braucht doch immer eine gewisse Durchlüftung, damit Im Käfig auch keine feuchten Stellen auftreten, an denen sich Pilze, Bakterien und Parasiten bilden könnten. Von Vorteil wäre es, wenn zwei Seiten des Käfigs aus einer Holzplatte bestehen und ein Ort gewählt wird, an dem kein oder nur wenig Luftzug herrscht.

Die Geschichte des Tieres sagt uns auch, dass die aller ersten Schecken 1948 Aufgezüchtet wurden.

Kapitel 3

Die Artgerechte Ernährung – Fütterung im Allgemeinen der Hamster.

Die kleinen niedlichen Tierchen wickeln auf jeden Fall den einen oder anderen Halter mit ihren sehr kleinen schwarzen Augen um den Finger und werden heutzutage gerne als Haustiere gehalten. Diese kleinen Nagetiere sind jedoch recht anspruchsvoll in ihrer Haltung, was bedeutet, dass sich Halter auf jeden Fall darüber bewusst sein sollten, dass einiges an Arbeit auf sie zukommt.

Dazu gehört nicht nur die gute Pflege der Tiere sowie das Reinigen des Geheges, die ideale Einrichtung und ab und zu auch etwas Auslauf. Auch die Ernährung sollte bis ins kleinste Detail geplant werden. Da der Hamster in seiner Heimat einen besonders abwechslungsreichen Speiseplan hat, ist die Ernährung somit sehr vielseitig. Auf was es besonders ankommt, erfahren Sie in diesem Artikel.

Das Trockenfutter für die Hamsterarten.

Das Trockenfutter bildet oft den wahrscheinlich wichtigsten Bestandteil in der Ernährung. Ein erwachsenes Tier braucht etwa zwei Teelöffel beziehungsweise einen Esslöffel Trockenfutter pro Tag. Hier sollten Sie auch auf die Dosierung schauen, wie viel Ihr Tier wirklich braucht.

Wenn dann am darauffolgenden Tag zu viel Futter übrig geblieben ist, so kann die Ration ein wenig verkleinert werden. Ist dann alles völlig aufgefressen, so können Sie beim nächsten Mal etwas mehr Nahrung geben.

Da die Nager das Futter sehr gerne horten und das auch wichtig für den Erhalt der natürlichen Instinkte ist, sollten Sie ihn das auch unbedingt tun lassen. Nur zu große Vorräte sollten Sie vermeiden. Tiere, die sich ein kleines Futterdepot anlegen dürfen, fühlen sich im Normalfall jedoch um einiges sicherer in ihrem neuen Zuhause.

Die folgenden Elemente sollten wenn möglich immer in einem Trockenfutter für die Nager vorhanden sein!

Getreide

Getreide sollte den wesentlichen Bestandteil in der Trockenernährung von den Nagern ausmachen. Und von daher auch immer ausgewogen sein. Folgende Getreidearten können Sie Ihren Tieren füttern:

- Haferflocken

- Haferkörner

- Weizenkörner

- Weizenflocken

- Hirse

- Gerste

- Roggen

- Kamut

- Emmerweizen

- Kolbenhirse

- Buchweizen

- Amarant

- Grüner Hafer

- Kleine Samen

Kleine Samen sind natürlich auch sehr wichtig und bieten den Nagern viele sehr wichtige Vitamine, Mineralstoffe sowie weitere wichtige gute Nährstoffe. Folgende Samen können gefüttert werden:

- Kardie

- Leinsaate

- Negersaate

- Chiasamen

- Hanf

- Mohn

- Sesam

- Leinedotter

- Hirsensorten

- Dillsoten

- Petersilie

- Lucerne

- Gänseblümchensamen

- Unterschiedliche Grassamen

Trockenes Gemüse und Früchte

Mit getrocknetem Gemüse und Früchten kann man den Speiseplan erweitern und den Nagern viel Abwechslung bieten was ihre Ernährung betrifft. Sehr Wichtig ist es bei den Früchten aber, dass man immer nur ein ganz kleines Stück pro Woche gibt und es auf keinen Fall überstrapaziert. Die folgenden Früchte und auch Gemüsesorten können Sie ohne Probleme Ihrem Nagerchen füttern:

- Wenig Rote Beete
- Etwas Sellerie

- Kleine Möhren

- Kohlrabi Roh

- Fenchel gut gewaschen

- Kleine Äpfel

- Reife Birnen

- Hagebutten

Getrocknete Kräuter

Kräuterarten die gut getrocknet sind sollten jedoch nur in geringen Mengen verabreicht werden. Sie können hier etwa ohne Probleme selber gemacht und getrocknet werden. Diese gut getrockneten Kräuterarten werden ja von den Tieren sehr gut verdaut:

- Wenig Brennnesselkraut

- Wenig Dill

- Gänseblümchen getrocknet

- Grüner Hafer

- Kamille getrocknet

- Löwenzahnwurzeln

- Haselnussblätter

- Melissen

- Petersilie

- Schafgarben

- Sonnenblumenblüten

- Vogelmieren

- Brombeerblätter

- Hirtentäschelkräuter

- Pfefferminzblätter

Nüsse und Kerne

Die Nager lieben unterschiedliche Nussarten und Kerne. Sie sollten jedoch nur selten etwa als kleine Belohnung für zwischendurch gefüttert werden. Weil vor allem die Nüsse und Kerne oft sehr fetthaltig sind und die kleinen Nager davon zu fett werden können.

Wir raten dazu, nicht mehr als eine Fünftel Nuss oder einen Kern höchstens all drei bis vier Tage zu geben. Die folgenden Nüsse und Kerne können Sie den Tieren geben:

- Sonnenblumenkerne

- Erdnüsse

- Pinienkerne

- Macadamia

- Walnüsse

- Kürbiskerne

- Sonnenblumenkerne

Insekten

Insekten gehören auch auf die Menükarte von den Tieren, da es sich hierbei nicht um reine Pflanzenvertilger handelt.

Sie brauchen das tierische Eiweiß, um etwa ihre Kräfte gegen Krankheiten zu stärken damit sie gesund zu bleiben. Hier kommen vor allem die folgenden getrockneten Insekten zum Zuge:

- Wenig Mehlwürmer

- Ausgewählte Bachflohkrebse

- Grillen getrocknet

Grünfutter

Die Tiere brauchen auch immer mal wieder mal etwas Grünnahrung. Dieses enthält sehr gute und zahlreiche Vitamine sodass es für die Gesundheit eine wichtige Sache ist.

Unter Grünnahrung fallen hier alle grünen Pflanzenbestandteile. Diese können etwa sowohl in einzelnen Geschäften gekauft als auch in der Natur gefunden werden.

Wichtig ist es dabei jedoch auch, darauf zu achten, dass die Lage immer sehr sauber ist. Auch sollten die einzelnen Pflanzen nicht an sehr stark vom Verkehr betroffenen Straßen gesammelt werden.

Auch Wiesen, die vielleicht durch den Landwirt mit Chemie besprüht werden könnten, sollten auch vermieden werden.

Wichtig ist es vor allem auch, das Grünfutter nur in sehr geringen Mengen zu verabreichen, da dies vor allem am Anfang recht schnell zu Durchfall führen kann. Sie können die folgende grünen Pflanzenteile problemlos an Ihren Nager als Nahrung geben:

- Löwenzahnblätter

- Kohldisteln

- Petersilie

- Dill

- Melisse

- Sonnenblumenblätter

- Gänseblümchen

- Unterschiedliche Gräser wie Kammergras

- Möhrenkräuter

- Fenchelgrün

- Die Blätter vom Kohlrabi

Folgende Pflanzenarten werden von Nagern nicht gut verdaut:

- Hülsenfrüchte wie Linsen, Erbsen oder auch Bohnen

- Alle Kartoffelsorten

- Kleegräser

- Unterschiedliche Kohlarten wie Weißkohl oder Rotkohl und Rosenkohl

- Auberginestreifen

- Avocado

- Zwiebelgewächse wie Knoblauch, Zwiebeln

- Papayagras

- Radieschen

Diese folgenden Pflanzen sind für die Nager sehr giftig!!

- Agavekraut

- Aloeverablüte

- Aronstab
- Giftiger Bärenklau
- GitftigerBärlauch
- Bilsenkräuter
- Grüne Bohnen
- Buchsbaumstrauch
- Christrosen
- Efeus
- Eibengsträucher
- Eisenhut
- Essigbaumarten
- Farneblätter
- Fingerhutsalat
- Geranienstrauch
- Ginsterstrauch
- Hahnenfußblätter
- Heckenkirschen
- Holunderstrauch
- Hyazinthen

- Kallastrauch
- Kartoffelkraut
- Kirschlorbeer
- Lebensbaum
- Lilien
- Maiglöckchen
- Mistel
- Narzisse
- Osterglocke
- Primel
- Sauerklee
- Schierling
- Schneeglöckchen
- Sommerflieder
- Stechapfel
- Trollkirsche

Gemüse

Gemüse sollte auf dem Teller eines Nagers nicht fehlen. Sie können Ihrem Tier einmal pro Tag eine kleine Ration Gemüse geben. Diese Ration sollte so sein, dass sie schnell gefressen wird. Vor dem Füttern sollte hier alles sehr gründlich gewaschen werden.

Sehr wichtig ist es, dass die kleinen Tierchen das Essen nicht horten, da es sehr schnell verderben kann. Sollte Ihr Liebster das dann trotzdem tun, so müssen Sie ihm das Gemüse halt wieder wegnehmen.

Füttern können Sie zum Beispiel auch eine dünne Tranche Gurke oder aber auch ein ganz kleines Stück Paprika sowie auch eine kleine Scheibe Rübe. Auch wenn die meisten Nager das Gemüse nicht auf Anhieb sehr mögen, greifen sie nach einiger Zeit doch immer mehr zu.

Die folgenden Gemüsearten können Sie Ihrem Tier auch ganz ohne Probleme auf den Teller legen:

- Wenig Paprika

- Mais und Maisblätter

- Karotten

- Wenig Fenchel

- Gurken

- Brokkoli

- Sellerie

- Zucchini

- Kürbis

- Feldsalatblätter
- Wenig Eisbergsalat

- Wenig Kopfsalat

Obst

Obst ist meistens sehr zuckerhaltig und da die kleinen Tiere keinen so großen Bedarf an Zucker haben, ist es sehr wichtig, Obst nur maximal einmal in der Woche zu geben. Der Zucker könnte von den Nagetieren nicht optimal verdaut werden, was im Anschluss auch zu Fettleibigkeit oder sogar zu einer Diabetes führen könnte. Bitte kein Steinobst geben, da dieses schnell zu Aufblähungen und auch zu Durchfall führen kann. Auch von zu Vielen Früchten ist abzuraten. Dieses Obst können Sie Bedenkenlos ihrem Tier geben:

- Reife Tomaten

- Apfelsorten

- Wenig Weintrauben

- Kiwi-Frucht

- Wenig Melone

- Reife Birnen

- Frische und Reife Beeren

- Erdbeeren, jedoch nur eine halbe auf einmal

Kommen wir nun noch zu der tierischen Nahrung für die Nagetiere.

Die tierische Nahrung spielt für Nager eine ganz wichtige Rolle, da es sich bei den kleinen Tieren ja um keine Vegetarier handelt. Nagetiere sind auch Jäger und ernähren sich in den warmen Jahreszeiten zum Beispiel auch von Insekten sowie von kleineren Säugetieren. Sie sollten Ihrem Liebling zwei bis drei Mal pro der Woche etwas tierische Nahrung geben, wobei diese hier direkt aus der Hand verabreicht werden sollte.

Ideal sind etwa kleine Würmer. Sie haben einen sehr hohen Fettanteil und sehr viele gute Vitaminstoffe. Diese können Sie auch selber zu Hause halten, da die Haltung sehr einfach ist. Sollte Ihr Nagetier in einem Terrarium oder in einem Aquarium hausen, so können Sie auch zu Grillen tendieren, da diese eine sehr gute Abwechslung für die Nagetiere sind.

Ebenso bereitet es eine wahre Freude, den Süßen beim Jagen beizuwohnen. Sie können Ihrem Nager auch noch getrocknete Bachflohkrebse oder frische Garnelen geben.

Ebenfalls Produkte mit Milch können Sie geben, wobei bedenken Sie, dass die meisten Nagetiere Laktose-Intolerant sind. Milch aus der Dose, Sahne und ganz normale Milch sind unverträglich und sollte lieber nicht gegeben werden. Joghurt aus Magermilch, oder aber Magerquark jedoch schon, da die Menge an Milchzucker nur sehr klein ist. Durch die Bakterien wirken sich die Produkte sehr oft positiv auf die Verdauung der Nager aus, wobei auch hier nur ein Teelöffel je Woche erlaubt wäre. Kleine Stücke von hart gekochten Eiern sind auch bestens geeignet, um etwa die normale Nahrung Abwechslungsreicher zu gestalten.

Was ist noch weiter wichtig bei der Ernährung Ihres Lieblings?

Es gibt auch die Möglichkeit, dass Sie als Haustierhalter die Zähne Ihrer lieben Tiere fördern und zu pflegen helfen. Äste und Zweige sind dafür sehr gut geeignet und nehmen zusätzlich die Langeweile. Auch sollten Sie dafür sorgen, dass Ihr Nager dann immer schönes, gutes und frisches Wasser zum Trinken hat, welches Sie idealerweise einmal am Tag austauschen sollten. Ob in einer kleinen Schüssel oder in einer Trinkflasche zum Anhängen bleibt dabei Ihnen überlassen.

Gekaufte Leckereien sind eigentlich sehr ungesund. Sie enthalten Zutaten, welche für Nagetiere nicht zur natürlichen, normalen Ernährung gehören. Wir raten daher von diesen Snacks eher ab. Sie haben aber hier immer noch die Möglichkeit, kleine Leckereien am besten selber zu produzieren oder halt dann zu Gemüse und Obst greifen.

Das Erlebnisfutter für Nagetiere.

Nager, die in der freien Natur unterwegs sind, verbringen viel Zeit mit der Suche nach dem geeigneten Futter. Sie sammeln es, um es danach zu horten. Aus diesem Grund sollten Sie die Nahrung nicht nur aus dem normalen Napf anbieten. Die betroffenen Nager würden dann so eher auch zu Fettleibig und zu schwerfällig werden.

Die Trockennahrung sollte, wie wir ja bereits erwähnt haben, nicht im Napf gegeben werden. Sie können es im Gehege verteilen.

Ist der Nager einmal gewöhnt, sein Essen nur im Essnapf zu erhalten so sollten Sie Ihren Nager langsam an das Suchen der Nahrung gewöhnen, indem Sie dieses erst um den Napf herum verteilen und nach und nach immer größere Kreise ziehen.

Im Weiteren kann die Trockennahrung auch ab und zu versteckt werden. Ob in Heu, in Kartonschachteln oder auch in kleinen Röhrchen, in einem Holzhaus sowie in kleinen weiteren Verstecken, hier werden der Fantasie keine Grenzen gesetzt. Nager lieben zusammengestellte Futterspieße. Dazu können Obst und Gemüse auf Metallspieße, welche für diesen Zweck gekauft werden können, aufgespießt und im Gehege aufgehängt werden.

Unser Fazit zur Ernährung Ihres Tieres.

Damit Ihr liebes Tier immer gesund und munter bleibt, ist es sehr wichtig die Fütterung auf seine individuellen Bedürfnisse anzugleichen. Überernähren Sie ihn nicht und geben Sie ihm die besonderen Naschprodukte auch immer nur in kleinen Mengen. Achten Sie auf sauberes Wasser und machen Sie einmal am Tag das Gehege Ihres Nagetieres sauber. Wenn Sie das alles so machen, werden Sie lange Freude an Ihrem wunderbaren Tier haben und ganz sicher viele schöne Zeit gemeinsam erleben.

Kapitel 4

Was kostet eigentlich der Monatliche Unterhalt eines Nagers?

Die niedlichen Tiere graben sich in kurzer Zeit einen Weg direkt in unser Herz und werden schnell zu einem festen Familienmitglied. Aber vor dem Kauf sollte sich jeder Liebhaber dieser zarten Tiere nicht nur Gedanken über die artgerechte Haltung, Pflege und Ernährung machen - sondern auch darüber, wie viel ein Nager an Unterhalt kostet.

Was braucht man für alles für seinen Liebling?

- Artgerechte Nahrung und Streu
- Vertrauten Tierarzt
- Hamsterbetreuer bei Abwesenheit - Urlaub
- Artgerechte Ausrüstung und Pflege
- Viel verschiedenes Spielzeug

Die Nager kosten oft in der Anschaffung vergleichsweise sehr wenig. Sie sind schon ab 10 Euro zu haben. Reinrassige Tiere kosten um die 25 Euro. Auch die Haltung ist sehr preiswert.

Das teuerste ist etwa dann das Gehege, welches sehr geräumig sein sollte, und unter Umständen ein Hamsterbetreuer für die Ferienabwesenheit.

Die folgenden Kosten geben oft einen guten Überblick darüber, welche Kosten Monatlich beziehungsweise im Jahr auf Sie zukommen.

Die Monatlichen Kosten:

Die Nahrung und die Einstreu: Etwa 4-10 Euro pro Monat.

Am besten und bequemsten ist es dann etwa, die Nahrung im Tierfachhandel zu besorgen. Das Futter ist auf die jeweiligen Tiere abgestimmt und versorgt sie dann oft mit allen notwendigen Vitaminen, Mineralien und Ballaststoffen. Nagerfutter kann auch selber hergestellt werden, dazu brauchen Sie aber das nötige Wissen über die Ernährung von den Tieren. Fachbücher helfen Ihnen dabei weiter.

Einmalige und unregelmäßige Kosten.

Der Tierarzt ist natürlich abhängig von der Gesundheit des Tieres!

Kleinere Dinge wie etwa Verstopfung, Schnupfen oder auch entzündete Augen lassen sich vom Tierarzt gut behandeln und kosten ca. 10-15 Euro. Hat das Tier entzündete Backentaschen oder muss es genauer untersucht werden, müssen Sie mit ca. 40 bis hin zu 90 Euro kalkulieren.

Ein Hamsterbetreuer hängt auch davon ab, wie oft Sie in die Ferien fahren!

Die Nager reisen auch eher nicht so gerne. Fremde Gerüche, eine unbekannte Umgebung, vielleicht große Hitze am Ferienort - das stresst den kleinen nur. Am einfachsten ist es, ihn zu Hause zu lassen und ihn von einem Freund oder Verwandten und oder einem Nachbarn versorgen zu lassen.

Dauern Ferien etwas länger übersteht das Tier auch eine kurze Fahrt zur Wohnung des Kollegen. Wenn sich keiner findet oder bereit ist, gibt es auch professionelle Tierbetreuer, die sich dann Verantwortungsvoll um das Tier kümmern. Diese Kosten sind sehr davon abhängig ob Ihr Freund das Tier kostenlos betreut und ob Sie überhaupt jemand haben in Ihrem Umfeld wo dazu bereit ist. Ein professioneller Betreuer kostet je nach Dauer ca. 50 Euro.

Die Ausrüstung und Pflege des Tieres kosten etwa 150 Euro für den Start.

Beim Gehege sollte auf keinen Fall gespart werden. Das absolut wichtigste ist, dass das Gehege groß genug ist und eine Fläche von mindestens 90 x 60 cm hat.

Viel Spaß hat das Tier in seinem neuen Heim, wenn das Gehege mehrere Ebenen hat, zwischen denen er hin- und her laufen und klettern kann. Man sollte etwa 70 Euro dafür ausgeben können, für mehr Geld gibt es dann auch noch geräumigere. Wer etwas mit Handwerk auf sich hat, kann ein Gehege auch gerne selber aus Holz bauen und viele eigene Ideen umsetzen. Es gibt genügend gute Anleitungen dazu im Netz.

In das Gehege gehören wenn möglich Ein Laufrad etwa 150 Euro, Behälter für Futter und Wasser, etwa 4-6 Euro, sowie ein Schlafhaus, etwa. 7-15 Euro und verschiedene Holzröhren und Klettersachen, etwa 12 Euro. Wenn der Kleine zum Tierarzt müssen sollte, gibt es Transportbehälter schon etwa ab 8 Euro.

Das Diverse und sehr wichtige Spielzeug muss natürlich ab und zu ersetzt werden, denn unser Nager hat ziemlich scharfe Zähne! Für die Kosten von Spielzeug sollten Sie etwa 25 Euro kalkulieren.

Ob ein Kletterturm, Spieltunnel, Hängebrücke oder Buddelturm - es gibt viele verschieden Spielzeuge für die Tiere und dazu auch noch sehr billig.

Dabei muss man oft nicht einmal Geld ausgeben, um seinem Schatz eine Freude zu bereiten. Sehr vieles lässt sich auch problemlos selber basteln, zum Beispiel aus Toilettenrollen.

Kapitel 5

Die Gesundheit und Pflege Ihres Nagetieres.

Die tägliche Pflege Ihres Tieres.

Die Wasserflasche oder Wasserschale wird jeden Tag einmal neu befüllt, es genügt aber sie jeden 3 Tag gründlich zu säubern. Wenn Spülmittel oder Essig zum Entfernen von Kalkablagerungen verwendet wird, muss sehr lange und sehr gründlich nachgespült werden. Frischnahrungsschalen werden natürlich auch täglich einmal gereinigt.

Die meisten Nagetiere sind sehr sauber und benutzen eine bestimmte Stelle im Gehege um Urin zu lassen. An diese Stelle können Sie eine Nager-Toilette hin stellen, die dann einmal die Woche geputzt werden sollte. Uriniert der Nager im Ganzen Gehege, sollten Sie einmal pro Woche die schmutzigen Teile der Einstreu ersetzen.

Seinen Kot verteilt der Nager sehr oft überall im Gehege, auch zwischen den Nahrungsvorräten. Der Kot ist zwar sehr trocken, sollte aber dann trotzdem regelmäßig zusammen mit dem gehorteten Futter beseitigt werden. Geben Sie danach die gleiche Menge frische Trockennahrung an die gleiche Stelle.

Auf diese Weise wird die Bildung von Schimmel im Futterbereich verhindert. Wenn Ihr Nager Frischfutter hortet, müssen regelmäßig sein Nest überprüft und die Frischnahrungsreste entfernt werden.

Um das Horten des Frischfutters zu verhindern, geben Sie immer nur so viel Frischnahrung, dass es etwa am nächsten Tag aufgefressen ist, bieten Sie das Gemüse auf einem Spieß an. Getrocknetes Grünfutter, wie Gras müssen im Normalfall nicht entfernt werden.

Die Gehegereinigung.

Die ganze Reinigung ihres Daheims empfinden die Nagetiere als sehr lästig und unangenehm. Durch das Putzen gehen alle hinterlegten Duftspuren verloren, der Nager kann sich nur sehr schwer orientieren.

Ein Forscher hat etwa bei den Tieren denen eine Sonde eingepflanzt war, beobachtet, dass Nager nach der Gesamtreinigung des Geheges eine stark erhöhte Herzaktivität hatten, der Puls stieg von 200 auf über 400 an, die Nager bekamen sogar Fieber. Sie brauchten im Durchschnitt oft 5 Stunden um sich wieder zu beruhigen.

Die Manipulationen an ihrem Zuhause Bedeuten für die Tiere mehr Stress, als zum Beispiel eine Auseinandersetzung mit ihren Artgenossen. Jedoch ist aber eine Reinigung und das Beseitigen der Streu einfach nötig. In großen Gehegen ist es besser, immer nur einen Teil des Geheges zu säubern, bei sehr kleinen Gehegen ist eine Etappenweise Reinigung nur sehr schwer möglich.

Dadurch, dass sich dann auf dem vorhandenen Heu, Stroh, Blüten, sehr oft Parasitenlarven befinden, ist eine Besiedelung mit Organismen in der Streu, vor allem in der Nähe von Nestern, Vorratsbunkern und Urinier-Stellen, aber auch am Boden mit der Zeit nur schwer zu vermeiden.

In der Streu fühlen sich besonders Milben, Käfer und weitere Parasiten sehr wohl. Diese sind zwar harmlos, können aber wegen ihren Ausscheidungen aber trotzdem zu einem Problem im Gehege führen und somit die Nager sehr belasten.

Die Streu sollte etwa 2 Mal im Jahr Komplet erneuert werden um eine zu starke Ansammlung mit Parasiten und Schimmel zu verhindern. Auch wenn die Streu sauber ausschaut, Schimmelreste und viele kleinere Parasiten sind mit bloßem Auge fast nicht zu erkennen oder befinden sich tief in der Streu.

Wenn der Schimmel zu sehen und zu riechen ist oder die Parasiten in einer solchen Häufigkeit vorhanden sind, dass sie nicht mehr zu übersehen sind, lebt der Nager schon eine Weile in einem sehr schädlichen Umfeld.

Geben Sie dem Tier während Sie die Reinigung durchführen Auslauf oder lassen Sie ihn etwa mit seinem Nistmaterial im Fahrzeug. Entfernen Sie die Einrichtungsgegenstände und merken Sie sich auch ganz genau, wo welcher Einrichtungsgegenstand dann wieder hin gehört wo der Nager seine Nester und Vorratskammern hat.

Die alte Streu und Nahrungsreste werden beseitigt. Reinigen Sie nun die Schale, Wände, Gitter und Einrichtungsgegenstände, wenn möglich immer mit heißem Wasser oder auch nur mit Seifenwasser.

Sind auch noch Urinrückstande vorhanden, können diese mit Zitronenwasser oder Essigwasser entfernt werden. Im Anschluss muss gründlich gespült werden. Verzichten sie dabei auf Chemische und agressive Reiniger, trotz gutem Spülen bleiben Reste und die Gerüche stören die sehr empfindlichen Atemwege und Augen der Tiere.

Duftplatzierungen vom Tier sollten nicht entfernt werden, denn das verwirrt die Nager sehr stark und führt dazu, dass ihre Duftdrüsen noch viel aktiver werden. die Nager markieren dann viel mehr und es riecht dann also noch stärker.

Platzieren Sie sofort nach der Säuberung des Geheges nichts um, sondern platzieren Sie alle Gegenstände wieder genau an die Orte, wo sie vorher schon waren, so kann sich der Nager besser orientieren und beruhigt sich rasch wieder.

Bringen Sie an die Orte, wo der Nager davor seine Nahrungsvorräte hatte eine kleine Menge Trockenes Futter, das wirkt für das Tier sehr entspannend. Verteilen Sie viel Trockennahrung im Heim des Tieres, damit der Nager sofort seine Essensvorräte wieder auffüllen kann. Geben Sie immer auch neues Nestmaterial, dorthin, wo bereits etwa schon Nester waren. Wollen Sie neue Gehege-Einrichtungsgegenstände platzieren, dann sollten Sie das in der Zeit während den Säuberungen machen um den Nager nicht zu überstrapazieren.

Nach der Säuberung haben Sie dann auch oft noch die Möglichkeit, eine Gesundheitsüberprüfung zu machen und das Nest zu überprüfen. Entfernen Sie Kot und altes Essen und geben Sie den noch sauberen Teil seines Nestes und neue Vorräte wieder an den Ort zurück, wo Sie es entfernt haben.

Nach der Reinigung wird der Nager sehr nervös seine Behausung überprüfen, er wird sofort neue Duftspuren platzieren und es wird eine gewisse Zeit dauern, bis er sich von diesem Stress erholt hat.

Häufiges säubern sorgt für mehr Geruch, da der Nager immer wieder neue Duftstoffe setzten muss. Geben Sie dem Tier nach der Reinigung auch einen schönen Tag Ruhe.

Gesundheits-Check des Nagetieres.

Ein krankes Tier zeigt seine Gebrechen nicht wirklich an. Es kommt weiterhin zum Nahrungsnapf, geht seine Gehege-Grenzen täglich auf und ab, es scheint fast so, als versuche der Nager die Krankheit zu verbergen. Dies sind völlig normale Verhaltensweisen, das Tier muss essen um am Leben zu bleiben und sein Revier ist überlebenswichtig.

Deswegen bleiben Krankheiten oft vor dem Tierhalter lange versteckt. Oft fällt die Krankheit erst dann auf, wenn sie schon weit Vorangeschritten ist.

Wenn das Tier etwa schon deutliche Symptome wie etwa ein gut sichtbarer Gewichtsverlust, Schwächephasen bis hin zur Appetitlosigkeit zeigt, ist es meistens für eine Behandlung der Krankheit zu spät. Aus diesem Grund ist es sehr wichtig, dass jeder Nager-Halter seine Tiere sehr genau beobachtet um unnatürliche Veränderungen schnell zu erkennen.

Ein tägliche Gesundheitsüberprüfung ist Lebensnotwendig für das Tier!

1. Sucht das Tier sein Futter, kommt er zum Frischnahrungsnapf?

2. Wird es am Abend zur üblichen Zeit munter und ist es an seiner Umgebung interessiert?

3. Bewegt es sich normal, läuft es im Rad wie üblich und ist es gewohnt aktiv?

Das sind wichtige Fragen, die Sie sich jeden Tag stellen müssen. Wenn Ihr Nager sich plötzlich anders als sonst gibt oder Ihnen Zeichen einer Krankheit begegnen dann gehen Sie doch auch sofort zu einem Tierarzt, welcher dann das Tier dann genau untersuchen kann.

Um gefährliche und schwere Krankheiten rechtzeitig zu erkennen, sollten Sie einmal je Woche den Nager ganz genau unter die Lupe nehmen.

Führen Sie die folgenden Gesundheits Checks durch:

Wiegen Sie das Tier und merken Sie sich das Gewicht. Schauen Sie in die seine Ohren und in die Augen. Überprüfen Sie auch seine Schneidezähne. Diese sollten so stehen, dass sie sich sehr gut abwetzen können.

Damit der Nager ihnen seine Zähne zeigt, können Sie ihm ein Leckerli über den Kopf halten nach dem er sich mit offenem Mund recken wird. Die Vorderseite der oberen Schneidezähne sollte gelblich sein. Tasten Sie das Tier ab.

Schauen Sie auf Geschwulste, Verdickungen, Druckempfindlichkeit am Bauch und Blähungen. Untersuchen Sie das Fellkleid des Nagers, halten Sie Ausschau nach kahlen Stellen im Fellkleid, und eventuell auch anderen Auffälligkeiten - beachten Sie dazu bitte besonders auch verklebte Stellen.

Krankheitssymptome und was diese Bedeuten:

Im Folgenden finden Sie dann auch noch eine kleine Auflistung von sehr oft vorkommenden Krankheitssymptomen.

Da es absolut selbstverständlich ist, dass Sie mit einem kranken Nager einen Arzt aufsuchen sollten, haben wir das nicht Jedes Mal erwähnt.

Gewichtsverlust

Ein starker Gewichtsverlust beim Nager weist sehr oft auf eine Krankheit hin. Gewichtsunterschiede von mehr als etwa 3 bis 5 Gramm je Woche sind hier eigentlich normal. Sollte der Nager aber mehr Gewicht verlieren, weist das auf Krankheiten oder erheblichen Stress hin.

Sehr oft nehmen wir Krankheiten von unseren Nagern dann war, wenn der Schwanz vom Tierchen länger aussieht - das ist dann ein Zeichen für einen oft erheblichen Gewichtsverlust - der Schwanz wächst nicht etwa, sondern die Fettschicht wird dann abgebaut, die Hoden werden einbehalten, so wirkt der Schwanz dann optisch länger.

Bitte schauen Sie auch darauf, dass Ihr Nager nicht zu Fettleibig ist, sondern einen festen Körperbau hat und beim Gehen und strecken klar eine Struktur erkennen lässt. Zu mager sind die Nager auch wenn man die Knochen stark hervorstechen sieht.

Kahle Stellen im Fell Vermehrtes Kratzen.

Kahle Stellen weisen auf einen eventuellen Pilzbefall hin, jedoch eher seltener auf einen Milben oder anderen Parasitenbefall hin. Ist das Fellkleid unsauber weist das ebenfalls auch auf Erkrankung oder ein hohes Alter hin. Nager die vor kurzem aufgestanden sind haben auch sehr oft ein sehr unordentliches Fellkleid.

Die Langhaarigen Nager brauchen eine Fellkleid-Pflege, hier gilt das folgende: Durchkämmen ist gut, die Haare kurz scheiden ist aber noch besser. Ein kurzes Fellkleid kann von einem Tier selbst gepflegt werden, wogegen ein langes Fell Kleid ihm sehr oft große Probleme macht, es verfilzt sich rasch und dem Nager ist im Sommer viel zu warm, er speichelt sein Fellkleid voll und das führt zu vermehrt feuchter Haut und ebnet dann so den Weg zu Parasiten und sogar Pilzbefall.

Plötzlich hat das Tier veränderte Augen.

Verklebte, verschlossene, trübe, graue verdickte oder auf eine andere Weise veränderte Augen sind ein starkes Anzeichen für eine Krankheit. Es könnte eine Augenentzündung oder Verletzung der Augen da sein.

Abgebrochen Vorderzähne.

Die Zähne sollten so zueinander stehen, dass sie sich gut abwetzen können. Die Frontseite der Zähne sollte gelb oder orange sein. Sind die Zähne zu lang, geben Sie dem Tier etwas mehr zum Nagen oder auch harte Hundekuchen. Ist etwa ein Zahn sogar abgebrochen? Behalten Sie das bitte sehr gut im Auge. Frisst der Nager ganz normal und nutzen sich die Zähne gut ab, dann regelt sich das von selber, sonst bitte Umgehend den Tierarzt aufsuchen.

Schorfer Mund.

Hat der Nager etwa Schorf zwischen den Lippen oder und unter der Nase? Das könnte vielleicht ein Lippengrind sein. Es könnte sich aber auch um einen Befall von Parasiten handeln.

Die Backenbehälter werden nicht mehr geleert, werden nicht befüllt, oder sie riechen sehr stark und unangenehm.

Dann sind die Backenbehälter in der Regel verklebt, verstopft oder auch sogar schon entzündet.

Wenn etwa die Nase verklebt oder feucht ist, oder niest, ist der Nager erkältet. Starke Flankenatmung, Aktivitätsverlust, das sind eindeutige Anzeichen auf eine Atemwegserkrankung.

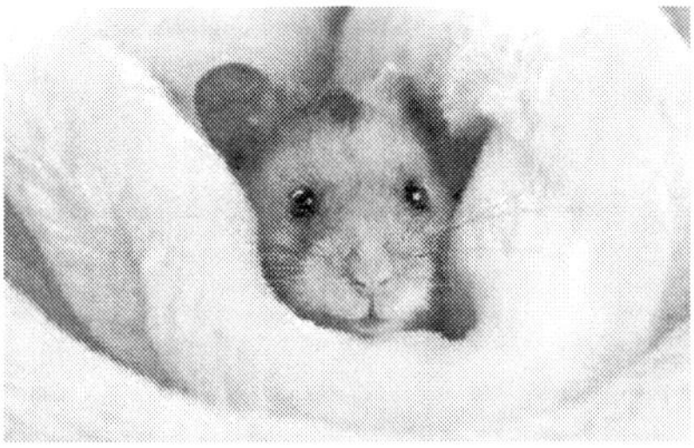

Ohren sind Schuppig, verklebt und schiefe Kopfhaltung.

Etwa verklebte Ohren deuten oft auf eine Infektion im Ohr hin, eine zu starke Infektion führt oft dazu, dass die Nager ihren Kopf schräg halten und teilweise auch oft am Ohr herumkratzen. Fellkleid-Verlust und schuppige oder schorfige Ohren deuten auf einen Parasiten oder sogar Pilzbefall hin.

After des Tieres ist unrein und verklebt, der Kot weich.

Wenn der After etwa verschmutzt und verklebt ist, dann weist das auf ein gravierendes Problem im Verdauungstrakt hin sowie auch Darmprobleme. In diesem Fall wäre es besser sofort einen Arzt aufzusuchen.

Abfluss aus der Scheide des Weibchens.

Unangenehmer und ein sehr stark riechender Abfluss sowie verschmierte und schmutzige Analregionen, in der Verbindung mit oft erheblicher Trägheit und Nahrungsverweigerung, sowie Druckempfindlichkeit am Bauch des Tieres, das sind eindeutige Hinweise für eine Erkrankung der Gebärmutter.

Während der Dauer der Empfänglichkeit von den meisten Weibchen, fließt ein transparenter Schleim aus dem Geschlechtsorgan des Weibchens. Dieser kann am nächsten Tag bereits, zäh und gelblich sein und kann oft bei oberflächlicher Betrachtung auch mit Eiter verwechselt werden. Dieser Ausfluss ist jedoch nicht gefährlich.

Geschwollene Hoden der Männchen.

Vor allem im Sommer, wenn es sehr warm wird, schwellen die Hoden von den Männchen sehr stark an. Sehr oft führt das zu großer Vorsicht beim Tier Halter. Es ist jedoch normal, so wird der Samen des Männchens abgekühlt, im Weiteren ist der Sommer die Zeit der Fortpflanzung.

Die Hoden können etwa im Sommer bei einem Nager durchaus auch bis zur Murmelgröße wachsen, meist werden sie dann auch ganz rot. Jedoch ist das ein Zeichen, dass man dem Nager etwas Kühlung geben sollte. Auch besteht die Gefahr, dass die Männchen sich die Hoden an Streu verletzen, überprüfen Sie deswegen bitte auch ab und zu, damit sich kein Ekzem bildet.

Blut im Urin sowie Schmerzen beim Wasserlassen.

Blut im Urin, Schmerzen beim Urinieren und auch ein gebogener Rücken beim Urinieren, ein ständig feuchter Afterbereich, unangenehm riechender Urin - das sind dann alles Hinweise für eine Blasen- oder sogar eine gefährliche Nierenerkrankung, diese sind dann oft nur noch vom Tierarzt zu behandeln. Vorsicht! Manche Futtermittel können den Urin auch rot einfärben.

Ein harter Bauch, angespannt. Schwere Atmung und Müdigkeit.

Ein verspannter Bauch, keine Lust zum fressen, angespanntes Sitzen, und auch Antriebslosigkeit. Diese Dinge weisen auf starke Darmaktivitäten hin. Meistens wird diese durch fehlerhaftes, unverträgliches Futter herbeigeführt. Geben Sie dem Tier dann ein paar Tropfen Simplex und suchen Sie so schnell wie möglich einen Tierarzt auf.

Ein verspannter und harter Bauch kann beim Weibchen aber oft auch auf eine Gebärmuttererkrankung hinweisen.

Wucherungen unter der Haut, feste Veränderungen am Körper.

Bei tastbaren Verdickungen und etwa Verhärtungen ist hier sofort ein Tierarzt aufzusuchen. Die Ursachen können vielseitig sein wie zum Beispiel, Lipome, Atherome, Zysten, und Adenome, Krebs, oder oft noch einige Andere. Etliche können, wenn rechtzeitig erkannt, operativ wegoperiert werden.

Allergien, häufiges Kratzen, Niesen und Durchfall.

Hinweise wie häufiges Kratzen, starker Durchfall, ständiges Niesen, tränende Augen und Nase, deuten auf eine Allergie hin wenn die üblichen Abklärungen nichts ergaben, Behandlungen die nicht bereits Erfolgreich waren und andere Krankheiten durch Tests beim Arzt ausgeschlossen werden konnten.

Verdrehte Krallen und zu lang.

Sind die Krallen zu lang, ist es gut einen Wetzstein im Haus der Nager zu platzieren. Stellen Sie den Stein so hin, dass der Nager darüber gehen muss, wenn er zu seiner Nahrungsstelle möchte.

Folgende Besonderheiten gibt es bei den Nagetieren auch noch:

Seitendrüsen: In den Flanken oder besser gesagt oberhalb der Flanken mehr zum Rücken hin, besitzen die Tiere beidseitig die sogenannten Seitendrüsen. Es sind das schwarz pigmentierte Talgdrüsen, die beim Nager Warzenartig aussehen und von kurzen oft meist schwarzen Haaren umgeben sind. Diese Drüsen dienen der Markierung des Reviers und werden häufig mit Tumoren, Ekzemen oder Ähnlichem verwechselt.

Vor allem im Frühling sind diese Drüsen oft leicht angeschwollen, feucht und aktiv. Der Frühling ist die eigentliche Paarungszeit der Hamster, in der Zeit wird das Revier besonders stark markiert. Wenn der Nager dazu auch noch halbwüchsig ist, können die Drüsen dann auch stark feucht werden und überproduzieren, dann ist das Tier vor allem am Morgen häufig recht feucht, die Nager sehen dann stark verfilzt aus.

Backenbehälter: Die Backenbehälter sind eine Ausdehnung des Mauls des Nagers, sie haben eine Öffnung, sind aber im hinteren Teil durch eine Haut vom Maul getrennt. Die Haut über den Backentaschen ist sehr dehnbar, ein Nager kann seine gesamte Tagesnahrungsration in ihnen verstauen.

Weiterführende nützliche Informationen über das Tier:

LCM: Kurzinfo über eine seltene Krankheit, die auf den Menschen übertragbar ist.

Hitzeschlag: Nagetiere vertragen große Hitze nur sehr schlecht. Temperaturen über 25 Grad können dem Tier schon sehr gefährlich werden. Dann ist es sehr wichtig dass Sie ihrem Tier Kühlung verschaffen um es von einem Hitzeschlag zu bewahren.

Alter Nager: Ab wann ein Nager alt ist, kann man kaum beurteilen, es gibt Nager die über 6 Jahre alt wurden, die normale Lebenserwartung liegt bei den meisten Nagerarten zwischen 2 und 5 Jahren. Oft wird aber behauptet, ein Nager wäre schon mit 2 Jahren alt, dem kann ich nur dagegensprechen, mit 2 Jahren ist ein gesunder Nager im besten Alter.

Wenn dann Krankheitssymptome auftauchen, die auch nur Zeichen von Alter sein können, wird oft dargestellt der Nager wäre eben schon alt und man wartet auf das Ableben von seinem Tier, statt einen Tierarzt aufzusuchen und das Tier behandeln zu lassen.

Der Richtige Tierarzt.

Nicht jeder Tierarzt kennt sich sehr gut mit Kleintieren aus und behandelt Ihren Nager auch richtig. Bevor Ihr Nager ernsthaft erkrankt, sollten Sie sich einen erfahrenen Tierarzt suchen.

Fragen Sie den Arzt, ob er mit Nagetieren gut zu Recht kommt, und schauen Sie genau hin, was er tut. Untersucht er Ihren Nager seriös, bevor er eine erste Krankheitsdiagnose erstellt?

Sagt er Ihnen genau was er tut, welche Erkrankung Ihr Tier hat und wie die Genesungschancen sind?

Lassen Sie sich auch sagen, wie die Medikamente heißen und welche Wirkung sie haben und wie Sie die Medikamente verabreichen müssen.

Wenn Ihr Tierarzt sich genügend Zeit nimmt, Ihre Fragen richtig beantwortet und Sie das Gefühl haben, er hört Ihnen zu und gibt Ihnen seriöse Auskunft, dann sind Sie bei ihm genau richtig.

Ein Tierarzt, der etwa nach wenigen Minuten oder gar nach nur ein paar Augenblicken etwa eine Krankheitsdiagnose stellt und Ihnen dann gleich ein Medikament gibt, oder Ihnen auch keine Krankheitsdiagnose gibt und Sie im Regen stehen lässt, oder den Nager gar ohne Diagnose gar einschläfern will, ist das oft mit Sicherheit völlig der falsche Arzt und Sie sollten sich einen Neuen suchen.

Was sind die Regeln für einen Tierarztbesuch?

Transportieren Sie den Nager nur in einer dafür geeigneten Box am besten aus Kunststoff. Die Box sollte groß genug sein, dass der Nager samt Gehege oder Nest reinpasst. Die Box sollte eine große Öffnung haben, sehr gut belüftet sein und sie sollte möglichst Dunkel sein.

Daher empfehlen wir zum Beispiel etwa auch eine Transportbox von Petty. In transparenten Plastikbehältern sind die Tiere schnell unruhig, hier sollte ein Haus mit in die Box rein. Eine transparente Box ist aber natürlich sinnvoll, da der Tierarzt das Tier darin sehr oft schon gut beobachten kann, bevor es dann rausgenommen wird, was zudem auch besser erlaubt das Verhalten des Tieres einzuschätzen.

Streuen Sie die Box aus, nehmen Sie auch einen Teil vom Nagernest mit, damit das Tier seine vertraute Umgebung und die gewohnten Gerüche um sich hat. Verstreuen Sie dann auch etwas Nahrung in der Box, geben Sie vor allem im Sommer auch stets Wasserhaltige Frischnahrung dazu.

Im Winter sollte man unter der Box eine Wärmeflasche platzieren damit das Tier nicht kalt hat, im Sommer achten Sie auf eine genügende Belüftung und einen kurzen Transportweg. Bei längeren Transportwegen ist auf eine gute Klimatisierung zu achten, eine Wasserflasche sollte auf jeden Fall dabei sein. Der Besuch beim Tierarzt sollte immer nur in den frühen Morgenstunden oder in den späten Abendstunden gemacht werden.

Oft sind die Halter sehr nervös, wenn sie mit ihrem kranken Nager zu einem Tierarzt gehen müssen. So kommt es oft vor, dass wichtige Sachen vergessen werden. Beobachtungen die beunruhigt haben kommen nicht zur Diskussion, weil man sich zu sehr auf eine andere Sache konzentrierte.

Also ist es gut sich zum Besuch beim Tierarzt oft ein Blatt Papier mit den Wichtigsten Fragen und Infos mit zu nehmen.

Die folgenden Informationen können Sie sich schon mal notieren:

- Das Alter des Tieres.

- Das Gewicht des Tieres.

- Andere Erkrankungen die vielleicht schon da sind.

- Die Beobachtungen die zum Tierarztbesuch führten.

- Medikamente die das Tier bekommt oder schon bekommen hat.

- Die Eigenen Heilungsversuche.

- Diagnose: Was genau hat das Tier hat, wenn Sie den Tierarzt nicht verstehen.

- Behandlung und Medikamente genau erklären lassen.

- Lassen Sie sich genau sagen, was gespritzt wurde und wie es wirken soll.

- Fragen Sie nach weiteren Massnahmen die Sie ergreifen müssen.

- Fragen Sie nach, ob weitere Arztbesuche nötig sind und wann.

- Fragen Sie nach, wann Sie mit einer Heilung der Krankheit rechnen können.

- Fragen Sie nach, wann die Ergebnisse Verbindlich sind.

Wenn Sie ein Medikament für Ihr Tier erhalten haben, stellt sich natürlich immer die Frage, wie gebe ich es meinem Nager denn jetzt? In den wenigsten Fällen möchten die Nager eine Tablette, Paste oder die Tropfen gleich selber nehmen.

Deswegen gibt es auch Tricks die Sie verwenden können. Tabletten müssen zerkleinert werden. Antibiotika etwa und andere Tropfen, Pulver, Pasten können sehr gut auch mit ein wenig Marmelade, oder auch mit Saft dem Tier gegeben werden, testen Sie einfach aus, was Ihr Nager wenn möglich freiwillig vom Löffel schleckt.

Und mischen Sie hier die Tropfen oder das Pulver darunter. Etwa Joghurt oder andere Milchprodukte dürfen Sie für Antibiotika auf keinen Fall nehmen, bei anderen Arzneien können Sie auch Milchprodukte nehmen. Nimmt das Tier gar nichts von sich aus vom Löffel, wird es natürlich schwieriger.

Sollte das Tier nur einen oder zwei Tropfen erhalten, ist es unter Umständen besser, diese einfach auf das Maul oder den Rücken zu tropfen, die sauberen Nager putzen sich dann das Medikament aus dem Fellkleid. Aber bei etlichen Tabletten rein von der Menge oder Konsistenz fast nicht möglich.

Dazu müssen sie den Nager am besten auf dem Arm halten und ihm die Spritze seitlich hinter die Zähne schieben, ein streicheln über den Hals löst den Impuls aus dass das Tier dann schluckt.

Fixieren würde so gehen: Setzen Sie den Nager auf den Tisch, halten Sie ihn mit einer Hand indem Sie den Zeige- und den Mittelfinger um seinen Hals und Vorderbeine legen, Daumen, Ringfinger und kleiner Finger halten die Flanken und Hinterbeine.

Sollen nur wenige Tropfen gegeben werden, kann man diese auch bei sehr unruhigen Tieren auch direkt auf die Nase abtropfen lassen, der Nager leckt diese dann instinktiv ab.

Die Medikamente werden im Grunde oft nicht über das Wasser verabreicht. Leider wird das von vielen Tierärzten immer noch empfohlen, ein Medikament ins Wasser zu geben was aus meiner Sicht falsch ist.

Das reicht aber nicht aus. Nagetiere trinken unterschiedlich viel Wasser, das eine trinkt sehr häufig und nimmt damit vielleicht sogar zu viel Schadstoffe auf, ein anderes Tier trinkt fast gar nicht und nimmt den Wirkstoff also nicht in der Notwendigen Menge auf.

In der Regel nehmen die meisten Tiere sowieso wenig Wasser auf. Von daher bringen Medikamentenverabreichungen über das Trinkwasser oft dann eben nicht den erhofften Effekt, da hier eine genaue Medikamentendosierung, die gerade bei Antibiotika und ähnlichen Mitteln wichtig ist, nicht erfolgen kann.

Wenn Sie etwa auch noch Salben auftragen müssen, versuchen Sie den Nager danach noch lange auf dem Schoß zu behalten um ein rasches Ablecken der Salben so zu verhindern, lenken sie das Tier mit einem Leckerli und Futter oder mit Spielen ab, bis die Salbe getrocknet ist.

Wichtig!

Erhalten Sie vom Tierarzt ein Medikament zur Einnahme durch das Maul des Nagers für mehrere Tage in einer Spritze, dann geben Sie auf keinen Fall das Medikament direkt aus dieser Spritze.

Besonders Spritzen lassen sich oft sehr schwer korrekt dosieren, manchmal läßt sich der Stempel nur mühsam drücken und aus Tuben kommt auch bei heftigem Druck kaum etwas heraus.

Dann wird die Spritze oder die Tube stärker gedrückt, plötzlich lässt sich der Stempel ganz nach unten drücken - und schon landet das ganze Präparat im Maul vom Tier was gar nicht gut ist. Und es kommt zu einer starken Überdosis. Zudem kommt es bei einer solchen Verwendung des Medibehälters leicht zu einer Verunreinigung des Stoffs.

Bitte lassen Sie sich immer noch eine zweite Spritze mit Nadel geben. Ziehen Sie die Notwendige Menge des Medikamentes mit der Spritze aus der Tube. Setzen Sie den Verschluss wieder auf die Nadel und ziehen Sie diese von der Spritze wieder ab. Geben Sie dann mit der Zweiten Spritze das Medikament.

Eine eventuell nötige Operation des Nagers.

Oft ist es leider auch notwendig, sein Tier operieren zu lassen. Die Vor- und Nachbehandlung ist dabei sehr wichtig.

Gewöhnen Sie das Tier schon einige Tage vor der möglichen Operation daran, dass es weniger Platz hat und nehmen Sie dann schon die Streu aus dem Käfig und gewöhnen Sie das Tier an die Betreuung.

Geben Sie nur noch Papier, wasserlösliche Taschentücher oder Toilettenpapier zum Nestbau an und entfernen Sie den Sand direkt nach der Operation. Nur so bleibt die Wunde später immer sauber. Wenn das Tier Zeitnah daran gewöhnt wird, wird der Schock nach der Operation nicht ganz so groß sein und die Tiere sind ruhiger und gelassener trotz der veränderten Haltung.

Vor der Operation sollten die Nager auch das letzte Futter am Abend vorher bekommen. Trockennahrung sollte immer genug da sein.

Nager können nicht kotzen und sollten auf keinen Fall vor der Operation nüchtern werden, das würde zu einer Beeinträchtigung der Verdauung führen.

Fragen Sie am besten Ihren Tierarzt, ob er das gerade operierte Tier auf einem Wärmekissen lagert, falls nicht, verlangen Sie es und liefern sie ein solches Kissen gleich mit ab. Bevor Sie das Tier wieder mit nach Hause nehmen, sollte es aus der Narkose aufgewacht sein.

Schläft der Nager noch, könnten Probleme auftreten mit denen Sie als Halter nicht klar kommen. Ein guter Tierarzt gibt Tiere erst wieder frei, wenn sie völlig aufgewacht sind und erklärt Ihnen die Nachversorgung des Tieres.

Auf dem Weg nach Hause und bis die Betäubung völlig aufgehoben ist muss das Tier warm gehalten werden, legen Sie eine Wärmflasche mit in den Transporter und das Gehege bis dann das Tier wieder munter ist. Damit diese Wärmflasche nicht angeknabbert wird, wickeln Sie diese in ein Handtuch.

Achten Sie sehr gut auf das Tier und schauen Sie darauf ob es von selber beginnt zu fressen, beginnt der Nager etwa nicht von sich selber an zu fressen, müssen Sie den Nager vielleicht, zwingen etwas zu fressen.

Nach der Operation sollte der Nager noch etwa eine gute Woche anstatt Streu Handtücher im Gehege als Unterlage haben um zu vermeiden, dass Staub und Streu an die noch junge Wunde gelangt. Die Wunde muss täglich kontrolliert werden, ob etwa Entzündungen zu sehen sind, fängt es an zu bluten oder hat das Tier vielleicht Schmerzen ist sofort ein Tierarzt zu besuchen.

In sehr vielen Internetforen wird dem Tierhalter oft eingeredet, nur eine Betäubung mit Isoflorant wäre unproblematisch und sie sollten ihr Tier nur dort operieren lassen, wo diese Betäubung angewendet wird. Eine solche Aussage ist leider hier sehr veraltet und entspricht nicht mehr dem neuesten Standard der Tiermedizin. Moderne Betäubungstechniken von den Tieren viel besser vertragen, als sogenannte Gasnarkosen.

Leider müssen alle Tiere irgendwann von uns gehen. Wenn Sie sich gut darauf einstellen möchten, müssen Sie die Möglichkeit, dass Ihr Tier jederzeit auch sterben kann, immer mit einbeziehen. Das Sterben gehört ja zum Leben, bei uns Menschen ist das so und auch bei den Tieren.

Kapitel 6

Die Zähmung von Klein- Nagetieren. Geht das denn?

Etwas anders als bei Hunden oder Katzen sind Kleintiere wie Hamster, Hasen, Meerschweinchen sogenannte Tiere die flüchten, wenn sie sich in Gefahr befinden oder sich bedroht fühlen.

Wie man sie dann dennoch schnell gefügig machen kann erfahren Sie in der Nachfolgenden Lektüre.

Kaninchen, Meerschweinchen, Hamster, und Mäuse gehören zur Art der Fluchttiere. Das bedeutet, wann immer ihnen etwas nicht korrekt vorkommt, Ziehen sie sich erstmal zurück, und verstecken sich in einer geschützten Ecke oder Höhle.

Welche suchen auch Schutz bei ihren Artgenossen und genießen die Sicherheit in der Gemeinschaft. Aus diesem Grund sollten Sie Kleintiere auch niemals alleine, sondern immer mindestens zu zweit halten.

Eine Ausnahme bildet der Hamster. Als Einzelgänger zieht er es vor, ohne einen ständigen Partner zu leben. Trotzdem können Sie etwa dann Ihre Kleintiere mit etwas Geduld und ein paar Tipps zahm bekommen. Schließlich brauchen die munteren Tiere Sie für ihr Wohl und damit sie sich rundum wohlfühlen.

Aber Achtung! Nicht jeden Hamster kann man zähmen!

Nicht vergessen sollte man, dass Kleintiere keine Spielzeuge sind und wie jedes andere Lebewesen auch ganz eigene und individuelle Bedürfnisse haben, die meistens von ihrem Instinkt gesteuert sind. Auch sollten Sie bei der Auswahl des Kleintieres stets im Auge behalten, dass nicht alle kleinen Haustiere richtig zahm werden, wie wir Menschen das gerne hätten.

Nagetiere sind in der Regel eben keine Tiere zum Streicheln. Auch bei den Meerschweinchen gibt es viele Vertreter, die sich nur wiederwillig oder nur ganz kurz berühren lassen.

Hasen sind da aber in der Regel sehr zutraulich und lassen sich auch berühren wenn ihnen danach ist, was an ihrem Sozialverhalten festgemacht werden kann. Instinktiv helfen sie sich untereinander bei der Fell-Kleid-Pflege und mögen es, dicht an dicht mit ihrem Partnertier zu kuscheln.

Von daher eignen sich Hasen oder etwa die Haustierhasen sehr gut auch als Kuscheltiere. Aber nicht jedes Kaninchen ist gleich. Sie haben verschiedene Persönlichkeiten und verhalten sich auch anders. Das trifft auch auf Frettchen zu, die sehr mit Menschen auch vertraut sind. Jedoch sollten Sie sich vor der Zulegung von Frettchen sehr gut informieren, denn ihre Haltung ist sehr Anspruchsvoll und unterscheidet sich sehr stark in Haltung und Ernährung zu anderen Kleintieren.

Die aller meisten Kleintiere sind jedoch sehr Menschenvertraut, und sobald sie Vertrauen haben, werden sie auch sehr zutraulich. Wenn etwa gerade ein Hamster dann neu bei Ihnen eingezogen ist, sollten Sie ihm etwas Zeit zum Gewöhnen Geben.

Denn Schließlich ist so gut wie alles neu und ungewohnt für das Nagetier. Es wird mit ihm unbekannten Geräuschen und Gerüchen konfrontiert, an die es sich zuerst noch gewöhnen muss.

Da spielt es keine Rolle, ob es bisher in einem Zoo zuhause war, bei einem Hamster-Züchter oder vielleicht sogar im Tierheim gelebt hat – auf die neuen Gegebenheiten wird es am Anfang ängstlich und vorsichtig reagieren. Doch die meisten Nagetiere sind sehr neugierig und wollen ihre neue Heimat sofort erkunden und als ihr persönliches Revier beanspruchen.

In den ersten paar Tagen sollte sich Ihre Kontaktaufnahme mit dem Neuling daher eher auf das Zuschauen beschränken.

Dabei kann man viel über sein Verhalten lernen. Sie können auch etwa mit ihm sprechen, damit er sich an Ihre Stimme angewöhnen kann und somit Vertrauen aufgebaut wird.

Wenn das Tier etwa noch nicht so gut vertraut mit Menschen ist, wird es wahrscheinlich zuerst auch davonlaufen, wenn Sie die Hand in das Gehege halten. Das ist in der ersten Zeit völlig eine normale Reaktion des Tieres.

Nach ein paar Tagen können Sie Freundschaft mit Ihrem Kleintier schließen. Das geht am besten über die Nahrung. Das bedeutet nicht, dass alle Kleintiere sofort darauf ansprechen, und sich ihre Zuneigung über den Magen zeigt. Sie müssen eigentlich andauernd irgendetwas kauen, um ihr Verdauungssystem in Gang zu bringen.

Die Kleintiere haben oft einen speziellen Magen oder anders gesagt, es muss regelmäßig neue Nahrung nachgeliefert werden, damit sie überhaupt koten können. Also ist es nicht schädlich, sie mit Snacks und oder Leckerli für sich zu gewinnen, damit unterstützten Sie ihre natürlichen Essgewohnheiten.

Am Anfang wird das Tier das Futter wohl oft noch nicht sofort aus der Hand annehmen. Dazu braucht es natürlich etwas Vertrauen.

Wenn es etwa von Ihrer Hand zurückweicht, können Sie ihm den Keks etwas entfernt vor die Nase legen.

Jedoch nach einigen Tagen ist in der Regel das Vertrauen da und das Tier hat gelernt, dass es vor einer Menschenhand keine Angst haben muss und dass sich darin etwas Leckeres befinden kann. Schauen Sie aber auch bei Keksen immer auf eine artgerechte Fütterung. Etwa Schokolade, Kartoffelchips oder Gummibärchen können Probleme verursachen und auch noch den Zähnen schaden. Im Fachhandel finden Sie für alle Kleintiere die passenden Snacks.

Wenn es dann nicht zwingend erforderlich ist, sollten Sie das Tier in der Angewöhnungszeit nicht aus dem Gehege lassen, und es besser auch nicht auf Ihren Arm nehmen. Viele Kleintiere reagieren oft sehr ängstlich auf so viel Ungewohntes auf einmal.

Dabei können sie mit ihren messerscharfen Krallen unschöne Kratzer auf der Haut hinterlassen. Die Aktionen geschehen so rasch wie unerwartet, dass Sie kaum reagieren können. Zum Beispiel Meerschweinchen machen ihren Unmut und ihrer Angst durch Geschrei deutlich, das einen ganz schön erschrecken kann.

Wollen Sie Nagetiere auch in die Hand nehmen, sollten Sie hier sehr vorsichtig vorgehen, denn die kleinen und auch sehr fragilen Tiere sind nicht sehr widerstandsfähig. Auch für alle Mäuseartigen gilt, lieber erst abzuwarten, bis sie sich mehr an Sie gewöhnt haben. Denn der Sinn und Zweck ist ja unsere lieben Weggefährten zu zähmen.

Die aus unserer Sicht die beste Methode, mit einem Kleintier in Kontakt zu kommen ist, sie auf Sie zukommen zu lassen. Wenn sie sich in ihrem Gehege oder Käfig gut eingelebt haben, sollten sie als Nächsten Schritt ihren Freilauf beanspruchen dürfen.

So gut wie alle Kleintiere sind Aktiv und brauchen jeden Tag einen für die Art ausreichenden Auslauf. Je größer das Tier ist, desto größer sollte auch das Gehege sein.

Bei Hasen zum Beispiel werden drei Quadratmeter je Lebewesen empfohlen und etwa bei Meerschweinchen sind es 2 qm.

Am besten ist, wenn das Gehege etwas geräumiger ist, sodass Sie Ihre Tiere besuchen können. Sitzen Sie dabei ganz einfach auf den Boden und Sie werden sehen, dass in kurzer Zeit die Neugier da ist und die fröhlichen Gesellen sogar auf Ihnen herumklettern. Alle Kleinen Tiere sind wie schon erwähnt ziemlich aktiv und brauchen jeden Tag einen ausreichenden Auslauf.

Kapitel 7

3. Lustige Hamstergeschichten für Gross und Klein.

1. Unser Hamster Hubert.

Unser Hamster Hubert stand vor dem Spiegel und putzte seine Zähne auf Hochglanz. Sie waren schön schneeweiß und blitzten und blinkten. Nachdem Hubert fertig war, warf er noch einen Blick in den Spiegel.

»Ach Du meine Güte«, rief er sehr entsetzt. »Da ist ja immer noch ein Fleck« Also drückte Hubert zum zweiten Mal Zahncreme auf seine Zahnbürste und begann erneut, seine Zähne sanft zu putzen. Nach ein paar Minuten war er dann endlich zufrieden.

Er zog sich seine schönen blauen Schuhe an und verließ das Haus. »Es ist ein wunderbares Wetter heute. Ein schöner Spaziergang durch den Wald und am schönen blauen See entlang wird bestimmt Spaß machen« Und so machte er sich auf den Weg.

Es waren viele Leute unterwegs an diesem schönen warmen Tag. Die Familie Biber führte die kleinen Kinder aus, die kleinen Mäuse vergnügten sich im See und ein Schwarm Seeschwalben jagte dem Fliegenschwarm über den Bäumen hinterher.

»Hallo Herr Maulwurf«, rief Hubert.
»Ist das nicht ein wunderschöner Tag? Da spiegelt sich die warme Sonne in meinen Blitz blank geputzten weißen Zähnen. Sind sie nicht schön anzusehen fragte Hubert«

Ohne eine Antwort abzuwarten, ging der Hamster Hubert weiter seines Wegs.

»Schöne Zähne entgegnete«, und wunderte sich der Maulwurf.
»Hab ich gar nicht gesehen« Schließlich konnte er kaum noch etwas sehen. Er war leider fast blind, weil er sein ganzes Leben unter der Erde verbrachte.

Unterwegs holte Hubert einen kleinen Spiegel hervor. Er sah genau hinein und bewunderte das Sonnenlicht, das sich in seinen schönen Zähnen spiegelte. Doch von einem Augenblick zum anderen verschwand der weiße Glanz und machte stattdessen einer stumpfen, grauen Farbe Platz

»Ach, du Schreck«, sagte er sehr erstaunt.
Schnell dachte Hubert dann nach, ob er denn gerade etwas gegessen hatte. Schließlich hatte er vom Zahnarzt gelernt, dass es nichts Besseres gab, als sich nach jeder Mahlzeit sofort die Zähne gründlich zu putzen.

Gegessen hatte er aber jedoch nichts. Trotzdem nahm er zur Sicherheit seine Zahnbürste aus der Hosentasche. Es durfte ihn nun auf keinen Fall jemand mit diesen grauen Zähnen sehen.

Und Genau in diesem Augenblick zog eine grosse und dicke, graue Wolke weiter und gab die Strahlen der warmen Sonne wieder frei.

Hubert atmete erleichtert auf, während er noch einmal schnell die Zahnbürste über seine Zähnchen flitzen ließ.

»Dieses blöde dumme Ding am Himmel hat sich in meinen Zähnen gespiegelt und das Licht auf die Seite geschoben« »Quak, Quak«, machte es plötzlich hinter seinem Rücken» Aus der Bahn. Wir haben es sehr, sehr eilig. Der Abend wird nicht immer auf sich warten lassen. Bis dahin müssen meine kleinen Kinder doch noch ein paar Runden das Schwimmen lernen«

Es war eine junge Entenmutter, die ihre Küken zum Badesee begleitete.
Hubert nutzte diese Gelegenheit und versuchte ein Lächeln nach dem anderen aus.

»Bei welchem Lächeln sieht man denn meine schönen Zähne am besten fragte er die die Entenmutter. Das müssen sie mir unbedingt sagen«

Die große Ente sah dem Hamster erstaunt in sein Gesicht.

»Lächeln? Du siehst eher danach aus, als würdest du eine komische Grimasse schneiden. Und eigentlich haben wir keine Zeit für deine Spielchen«

Empört drehte sich Hubert um und wandte sich von der Entenmutter ab und stapfte ziemlich beleidigt davon.

»Ihr habt ja auch gar keine Ahnung. Ihr könnt ja auch nicht lachen, weil ihr nur einen komischen Schnabel habt. So etwas Unschönes möchte ich auf jeden Fall nicht im Gesicht haben«

Hubert kam nur ein paar Minuten später ebenfalls am Badesee an.

Er legte ein Handtuch auf der schönen grünen Wiese aus und legte sich an die warme Sonne. Jedoch achtete er darauf, auf dem Rücken zu liegen. So konnte natürlich jeder die schönsten Zähne der Umgebung bewundern.

Doch das schöne angenehme Gefühl war schon bald wieder vorbei, als eine Gruppe ganz junger Laubfrösche in den See sprangen und das Wasser mächtig durch die Gegend spritzte.

»Hey, was soll denn das bitte«, rief Hubert wütend. Ihr könnt doch nicht diese braune schmutzige Brühe auf meine schönen sauberen Zähne spritzen«

Sofort holte er den Spiegel hervor und sah hinein.

»Da sind ja Flecken. Die sehe ich genau. Fiese Flecken. Was mache ich denn jetzt nur? Ich hoffe es hat das niemand gesehen«

Sofort nahm er die Zahnbürste und putzte wie ein Verrückter. Ganze fünfzehn Minuten ging das nun so, bis viel Schaum aus dem Mund hervor kam.

»Das sollte erstmal reichen sagte er dann trotzig«

Zur Sicherheit nahm Hubert sein Handtuch und entfernte sich weiter vom Ufer weg. Er wollte ja auf keinen Fall noch einmal nass gemacht werden. Dann legte er sich wieder hin, schloss die Augen und schlief dann ein.

Nach einer ganzen Weile verschwand dann die Sonne wieder. Ein dunkler Schatten legte sich auf das Gesicht des Hamsters.

»Oje, was ist denn nun schon wieder los«

Hubert öffnete die Augen. Doch statt einer dicken Wolke sah er jede Menge fremder Gesichter über sich. Da war ja der Herr Maulwurf, die Frau Ente, die Gruppe Laubfrösche und auch noch ein paar andere Tiere.

»So kann das einfach nicht mehr weiter gehen, Hubert. Die Angelegenheit mit deinen weißen Zähnen nervt uns aber sehr jetzt.

Du kannst ja an gar nichts anderes mehr denken. Das muss irgendwann aufhören«, sagte etwa der Maulwurf mit ernster Stimme. »Du lässt uns immer denken, dass unsere eigenen Zähne nicht richtig geputzt sind«, entgegneten die Frösche», Darum sollst du nicht mehr über deine Zähne reden jetzt, wenn du aus dem Haus gehst«, meinte die Ente. »Wenn ihr Probleme damit habt, dann kann ich euch helfen«, bot der Hamster an. »Gerade mit Zähnen kenne ich mich richtig sehr gut aus. Deshalb werde ich euch jetzt zeigen, wie man sie richtig putzt«

Das war ein Vorschlag, der auch sofort angenommen wurde.

Am nächsten Tag trafen sich alle Tiere in Huberts geräumigen Haus. Es wurden eine Menge Zahnbürsten verteilt und gemeinsam geputzt!»

2. Unser Igor der Feldhamster der zum Igel wurde.

Igor, der Feldhamster saß oft in seiner dunklen Erdhöhle und schaute nach draußen. Zu gerne wäre er nach oben geklettert, um sich etwas zu essen zu suchen. Nur leider traute er sich nicht aus dem Haus. Die Erlebnisse der letzten Tage machten ihm noch viel zu viel Angst. Seit einer Woche lauerte ihm ein schlauer Fuchs auf, der ihn unbedingt fressen wollte.

»Ich bin doch nicht dein Futter«, rief dann Igor so laut er nur konnte. Das gefährliche Raubtier hatte ihn bestimmt nicht überhört, würde sich diese Worte allerdings kaum zu Herzen nehmen.» Du wirst es schon sehen. Bald fällt mir etwas ein. Dann werde ich mich an dir rächen«

Spät am Abend war ein komisches Geräusch zu hören. Es war der hungrige Magen des Hamsters. Er musste jetzt dringend etwas verspeisen.

»Oje, ich hoffe ich werde das überleben«

Auf wackligen und zittrigen Füßen kroch er aus seiner dunklen Höhle und sah sich vorsichtig um. Es war zum Glück kein anderes Tier zu sehen. Also machte sich Igor sofort auf die Suche. Es dauerte auch nicht lange, bis er ein paar Körner fand. Ganz schnell stopfte er sich diese in den Mund und lief so schnell er konnte zurück nach Hause. Doch noch bevor er sein Ziel erreichte, wurde ihm plötzlich der Weg versperrt.

»Ja schau mal an. Da kommt mir ja mein Abendessen direkt zu mir«, sagte der schlaue Fuchs mit gemeiner und lauter Stimme. »Ist das jetzt der neue Service? Essen auf Beinen?«

Er leckte sich schon mal sein Maul und ließ dabei seine gefürchteten Zähne aufblitzen. Der kleine Feldhamster war dann wie gelähmt stehen geblieben. Er wusste nicht mehr was zu tun ist. Sollte er schnell davon laufen oder sich einfach mausetot stellen? Doch dann spuckte er seine gesammelten Körner dem schlauen und etwa bösen Fuchs entgegen und lenkte diesen für einen Augenblick ab.

Igor nahm sofort seine Beinchen in die Hände und rannte so schnell er konnte um sein Leben. Mit Mühe und Not konnte er sich in seine Höhle retten.

Doch dafür hatte er nun immer noch nichts zu fressen.

»Ich werde hier elendiglich verhungern klagte der Hamster. Was soll ich denn bloß machen«, jammerte er vor sich hin. »Dann komm doch raus uns lass dich fressen, so lange du fett genug für mich bist. Dann haben wir es viel schneller hinter uns«, sprach sich der Fuchs aus, der nun wie wild am Höhleneingang auf und ab ging. »Du kannst dich nicht ewig da unten verstecken«

Das hatte der Hamster natürlich auf keinen Fall vor. Also sah er sich in seiner Behausung um. Vielleicht würde er ja doch noch etwas zu fressen finden für seine Rettung. Da lag noch eine alte Mausefalle unter dem Bett.

»Nein, dafür ist der Fuchs doch viel zu groß« In der Ecke lagen ein paar alte Getreidesäcke» Das geht aber auch nicht, da passt er ja nicht rein«

Und mit der Nadel und dem Faden aus dem Nähkasten war natürlich auch nichts anzufangen.

»Einen Moment mal. Wie wäre es denn, wenn ich ...«

Igor sprach nicht mehr weiter. Dafür hatte er aber eine geniale Idee im Kopf.

Sofort schnappte er sich sein Nähzeug und die alten Säcke aus der Ecke und begann wie von der Tarantel gestochen wild zu nähen.

»Dir werde ich es schon zeigen du fieser Fuchs. Das war heute das letzte Mal, dass du versucht hast, mich aufzufressen. Morgen wird dir Hören und Sehen vergehen. Das garantiere ich dir du böser Fuchs«

Der Fuchs hatte jedes Wort gehört, er machte sich aber nichts daraus. Deshalb freute er sich jetzt schon auf ein schmackhaftes Frühstück.

Am nächsten Morgen war es dann so weit. Igor hatte seine Arbeit vollendet die ihn um den Schlaf gebracht hat und stand nun stolz vor seinem neuen Anzug. Er hatte ihn aus den Säcken zusammen genäht. Doch das war noch nicht alles. Da waren auch noch sehr viele Stecknadeln befestigt, die in alle Richtungen zeigten. So war es dann fast nicht möglich, unverletzt in dieses Kleidungsstück zu gelangen. Trotzdem zog es der Hamster an und schlich dann sehr ängstlich aus seiner Höhle heraus.

»So ich bin hier. Los, friss mich doch jetzt«, rief er dem Fuchs zu» Hast du denn keinen Hunger mehr oder hast du dich anders entschieden«

Dieses Mal war aber seine Stimme überzeugter und mit jedem Satz wurde sie Selbstsicherer. Es dauerte nicht sehr lange, bis der böse Fuchs erschien. Wie ein Wilder rannte er über die ganze Wiese. Er hielt nicht ein einziges Mal vor Igor an, sondern schnappte ihn sich gleich in vollem Tempo. Doch dann heulte er plötzlich auf, stolperte dabei über seine eigenen Beine und ließ seine Beute sofort wieder frei.

»Hilfe, was war denn das jetzt« fragte er sich verzweifelt und ganz aufgeregt und entdeckte vorsichtig seine blutenden Lippen.» Das kann doch wohl nicht wahr sein schimpfte er«

Dann schnappte er ein weiteres Mal zu. Dieses Mal stach es sogar gleich mehrmals in seine Zunge.

»Au, au, aua.«

Und schon war da etwas Blut auf dem Boden.
»Was ist denn das hier für eine böse Zauberei« fragte der verängstigte und aufgeregte Fuchs und schaute sich den Hamster nun ganz genau an.» Wo hast du den all die Stacheln her?

Das geht doch nicht mehr mit rechten Dingen zu«

Der Hamster richtete sich stolz auf stellte sich auf die Hinterbeine.

»Die sind mir über Nacht gewachsen kicherte er, damit du mich nicht mehr fressen kannst du böser Fuchs. Deshalb bin ich auch kein Feldhamster mehr, sondern ein ganz anderes Tier. Ich bin nämlich jetzt Igor, der Igel mit spitzen Stacheln«

Er machte ein paar Schritte auf den Fuchs zu und sah ihn böse an.

»So und nun verschwinde sofort von hier, sonst steche ich dir in deine Nase«

Das ließ sich der verängstigte Fuchs natürlich nicht zweimal sagen. Ohne ein weiteres Wort drehte er sich um und lief so schnell wie er konnte in den nahen Wald und tauchte nie wieder auf!

3. Der Urlaub vom Tierheim.

Unser Hamster Karl atmete erschöpft, als er den großen Stapel Papier vor sich sah. So viel Arbeit. Wie sollte das denn ein kleiner Hamster allein nur schaffen? Mit jedem Tag wuchsen seine Aufgaben. Hätte er sich vor zwei Jahren bloß nicht gleich zum Verwaltungschef der Tierheimbewohner wählen lassen.

Im Normal Fall waren ja die Menschen für die Leitung des Tierheims zuständig. Sie gingen aber mit den Hunden spazieren, machten die Ställe sauber, Gehege und Käfige ebenso, teilten die Nahrung für die Tiere aus, streichelten jedes einzelne Tier und kümmerten sich liebevoll um die Alten und Kranken. Aber trotzdem gab es noch viel mehr zu tun wovon sie nicht die geringste Ahnung hatten.

Deshalb gab es ja unseren Karl. Der kleine Hamster bemühte die abendlichen Veranstaltungen, wenn die Menschen Arbeitsschluss hatten und die Tiere ganz allein waren. Die Hunde brauchten sehr viel Bewegung. Also gab es auch Sportkurse. Die Katzen wollten einfach rund um die Uhr jagen.

Die Schlange vor dem Hamsterrad war sehr lang. Immer wieder drängte sich jemand vor. Da musste doch endlich mal für Ordnung gesorgt werden. Die Papageien bekamen Sprachtraining und die Esel im Stall lernten, wie man richtig stur ist.

Es gab so viel zu tun. Niemand hatte sich das alles zugetraut. Karl war also der Verwaltungschef und bemühte sich um alles. Er hatte nie nur ein Dankeschön von den anderen Mitbewohnern erhalten. Im Gegenteil. Jeden Tag hagelte es Beschwerden, weil jeder nur das Beste für sich wollte.

Hätte Karl vor einem Jahr etwa gewusst, was er alles machen sollte, hätte er die Wahl auf keinen Fall angenommen. Zeit für sich hatte er keine mehr. Rund um die Uhr traf er wichtige Entscheidungen, schlichtete Streit hier und dort und war darauf fixiert, dass jedes Tier seine Hobbys machen konnte. Nur er blieb dabei auf der Strecke.

»Manchmal möchte ich einfach nur ein ganz normaler Hamster sein, ohne all diese schwierigen Aufgaben, ohne Verpflichtungen. Einfach einmal etwas anderes sehen und entspannen« seufzte er traurig vor sich hin. »Aber wo soll ich denn auch hin? Es gibt doch nur das Tierheim«

Am nächsten Morgen kam die Heimchefin mit einem großen Koffer ins Büro. Wie an jedem Tag gab sie unserem Karl, dessen Gehege auf einer Kommode stand, frisches Wasser und Nahrung.

»Na, mein Kleiner, wie war denn deine Nacht? Hast du auch so gut geschlafen wie ich« Schlaf? dachte sich Karl. Wovon redet sie denn da überhaupt? Ich habe seit einer gefühlten Ewigkeit nicht mehr geschlafen. Dafür habe ich einfach keine Zeit mehr murmelte er vor sich hin.

Die Chefin hob den Koffer auf den Schreibtisch, öffnete ihn und legte noch ein paar Kleider hinein.

»Ich kann doch nicht ohne etwas aus meinem Tierheim verreisen. Dann vermisse ich euch alle viel zu sehr«

Sie drehte sich zu Karls Gehege um, bückte sich und sprach leise durch das Gitter zu ihrem Hamster.

»Ich fahre nämlich in die Ferien. Das ist das erste Mal seit 3 Jahren. Vorher hatte ich nie Zeit dafür. Aber jetzt ist es endlich so weit. Ich setze mich in ein Flugzeug, und fliege so schnell wie der Wind nach Italien und werde dort 3 ganze Wochen am Strand unter Palmen einfach nichts tun«

Ferien? dachte der arme Karl. Das klingt zu schön, um wahr zu sein. Das will ich auch endlich einmal» Ich muss nur noch den anderen sagen, was sie in der Zeit auf keinen Fall vergessen dürfen. Sie müssen dich auf jeden Fall jeden Tag füttern«

Die Chefin stand wieder auf und ging in das Büro nebenan.

»Aber Ich will auch in die Ferien düsen« grummelte Karl.

Leise öffnete er dann die Tür seines Geheges kletterte raus und lief zum Schreibtisch. Mit seinen Krallen kletterte er mühsam am Schreibtischbein nach oben und schon verschwand im Koffer.

»So eine Chance werde ich nie wieder bekommen« seufzte er vor sich hin. »Drei Wochen Ferien am Strand. Das habe ich mir wirklich mehr als verdient. Die anderen müssen halt mal ohne mich klar kommen«

Dann wurde der Deckel über ihm geschlossen und es ging ab zum Flughafen. Drei Wochen später kam die Chefin wieder in ihrem Büro an. Schön erholt begrüßte sie ihre Mitarbeiter und erzählte von den vielen schönen Dingen, die sie in Italien erlebt hatte. Genau diesen Moment nutzte Karl aus.

Er kletterte gemütlich aus dem Koffer und machte sich auf den Weg in sein Gehege. In der kommenden Nacht waren die anderen Tiere unglaublich dankbar, dass er wieder da war.

»Du kannst dir gar nicht vorstellen, wie es hier drunter und drüber gegangen ist. Es gab sehr viel Streit und keiner war mehr zufrieden« Karl lachte laut. »Zufrieden war vorher auch keiner. Dann war in der Zeit doch alles wie sonst auch« Die Tiere schwiegen alle. Doch dann fanden sie die richtigen Worte. »Zufrieden waren wir doch. Wir haben wohl nur vergessen, es dir zu sagen«

Sie entschuldigten sich bei Hamster Karl und gelobten, ihn mehr zu achten und zu schätzen, mehr auf ihn zu hören und das einte oder andere Mal auch schön brav Danke zu sagen!

Schlusswort

Liebe Leserinnen und Leser

Als Abschluss möchten wir Ihnen nochmal die wichtigsten 7 Punkte ans Herz legen welche für eine Artgerechte Hamsterhaltung oft von Entscheidender Bedeutung sind. Warum wiederholen wir diese Punkte, wir haben diese ja bereits schon im vorliegenden Ratgeber ausführlich beschrieben.

Grund: Bevor Sie sich einen Hamster als Haustier anschaffen, sollten Sie sich genau im Klaren sein was es oft braucht um einen Hamster Artgerecht als Haustier halten zu können. Dabei helfen Ihnen die nachfolgenden 7 Punkte, damit Sie die richtige Entscheidung treffen können!

1. Die Hamster sind in den frühen Abend- und Nachtstunden aktiv!

2. Der Hamster ist in der Regel ein Einzelgänger!

3. Der Käfig oder das Gehege sollte mindestens eine Fläche von 50 x 100 cm aufweisen und viele Klettermöglichkeiten bieten!

4. Der Regelmässiger Auslauf für die Hamster ist wichtig!

5. Die Hamster legen sehr viel Wert auf Sauberkeit!

6. Die Hamster fressen Körnerfutter – Fertigmischungen, Mehlwürmer und auch andere Insekten!
7. Die Wichtigsten Sinne der Hamster: Nase, Augen, Ohren, Tastsinn!

Rechtliches

Impressum

[Nina Kluge] wird vertreten durch:

Angelo Philipona
Nassi 11
CH-3400 Burgdorf

Copyright © 2021 [Nina Kluge]
Alle Rechte vorbehalten

Haftung für externe Links

Das Buch enthält Links zu externen Webseiten Dritter, auf deren Inhalt der Autor keinen Einfluss hat. Deshalb kann für die Inhalte externer Inhalte keine Gewähr übernommen werden. Für die Inhalte der verlinkten Webseiten ist der jeweilige Anbieter oder Betreiber der Webseite verantwortlich. Die verlinkten Seiten wurden zum Zeitpunkt der Verlinkung auf mögliche Rechtsverstöße überprüft. Rechtswidrige Inhalte waren zum Zeitpunkt der Verlinkung nicht erkennbar. Eine permanente inhaltliche Kontrolle der verlinkten Webseiten ist jedoch ohne konkrete Anhaltspunkte einer Rechtsverletzung nicht zumutbar. Bei Bekanntwerden von etwaigen Rechtsverletzungen werden derartige Links umgehend entfernt.

Printed in Poland
by Amazon Fulfillment
Poland Sp. z o.o., Wrocław

78707758R00060